ファーストステップシリーズ
1st Step Series

改訂新版

「祈りは初めて」とい[illegible]のための本

内田和彦［著］

いのちのことば社

装幀＝ロゴス・デザイン（長尾 優）

目次

はじめに

「内田君もお祈りしてください。」

リーダーのYさんが言いました。その晩イエス様の話を聞いて感動し、「信じよう」と決心した私でした。でも、何をどう祈ったらよいか、まったくわかりません。どきどきしながら何かを言ったと思います。よくは覚えていませんが……。十五歳。高校一年生の夏のことです。

教会の集まり、クリスチャンの集まりは必ず祈りで始まります。また祈りで終わるのが普通です。初めて出席した人は、さわやかな印象をもつかもしれません。でもどちらかと言えば、「お祈り」は初心者には緊張の時、とまどいの時でしょう。

そのうち慣れてきて、祈りのことばを味わえるようなら、たいしたものです。「祈ってください」と求められることはないと思っても、手違いで自分があてられたらどうしようと、不安を覚えつつ祈りの場にいる人もおられるのではないでしょうか。

祈りの初体験は多様です。教会に出席する前から、心の中で「祈っていた」という人もいるでしょう。自分で聖書を読み進めるうちに、いつのまにかそこに語られている神様に祈るようになっていた、そんな体験を聞くこともあります。

この本は、「祈りは初めて」という人に何らかの助けになればと思い、書いたものです。祈りとは何かを、できるだけ聖書の教えにそって明らかにしたいと思います。ですから、すでに祈りの生活を始めているクリスチャンにも益になるでしょう。信仰生活を送っているが「祈れない」という人、「祈りが形式的になっている」と感じる人には、祈りの原点に立ち返っていただければと思います。

第一章　祈りとは何か

「そのころ、人々は主の名を呼ぶことを始めた」（創世記四章二六節）。

「神様、罪人の私をあわれんでください」（ルカの福音書一八章一三節）。

私たちはなぜ祈るのでしょうか。そもそも祈りとは何なのでしょう。そのことから始めることにしましょう。

1　祈る者として造られた私たち

私たちは神によって創造された被造物です。しかもただの被造物ではなく、「神のかたち」として造られた者です。創世記一章二六―二七節は、そのように教えています。

「神は仰せられた。『さあ、人をわれわれのかたちとして、われわれの似姿に造ろう。こうして彼らが、海の魚、空の鳥、家畜、地のすべてのもの、地の上を這うすべてのものを支配するようにしよう。』　神は人をご自身のかたちとして創造された。神のかたちとして人を創造し、男と女に彼らを創造された。」

神は自らを「われわれ」と表現なさる方です。神ご自身の内で人格的な交わり、愛の交わりがあるのです。二章で「三位一体の神」ということを説明しますが、神は確かに孤独の神、孤立した神ではありません。互いに愛し合う交わりの内に永遠に存在しておられる方なのです。

その神に似たものとして造られた私たちですから、私たち自身、交わりのうちに生きる者です。分かち合い、支え合うことが必要です。しかしそれ以前に、私たちを造られた神との人格的な交わりを必要としています。その交わりが祈りなのです。

私たちは神のことばに耳を傾け、神に語ることのできる者として造られました。神と人格的な交わりをもつことができる者、神を愛し、神の愛を喜ぶ者。それが人間本来の姿でした。

実際、最初に創造されたアダムとエバは、神の意志（みこころ）を理解し、行うことを喜びとして生きていました。創世記二章には、「エデンの園」を神によって耕し管理するアダム、そしてその助け手としてのエバの姿が描かれています。彼らは神との豊かなコミュニケーションを楽しむことができました。

このようなことができるのは、「神のかたち」として造られた人間だけです。神に祈るのは私たち人間だけです。犬や猫が祈る姿を見ることはできません。人間に一番近い存在と言われる猿でも、何かに向かって祈るということはありません。人間だけが神と会話しつつ生きる者なのです。

ですから、私たちの心には神を思う心、神に祈りたいという思いがあります。しかし、それでいながら、私たちの思いの中には神に反発し、神を無視し、自分の好きなように生きていこうとする思いもあるのです。そもそも神が本当に存在するかどうかもわからない。そんな思いもあります。ひとくちに「神」と言っても、実のところ、自分の願いをかなえてくれる「神」、自分が考えだした「神」に祈っているということもあるでしょう。自分の欲望を「神」として生きていることさえあるのです。

「神のかたち」として造られた人間がどうして、そのようになってしまったのでしょう。創世記三章が理由を明らかにしています。

2　祈ることができなくなった人間

創世記三章には、人間が罪に陥った経緯が書かれています。アダムとエバの「堕罪」の話です。「蛇」に誘惑された彼らは、神が食べてはならないと言われた「善悪の知識の木」から、木の実を取って食べてしまいます。これは彼らが「悪魔」のウソに耳を傾けて、神の愛や真実を疑い、神を信頼することをやめたことを意味しています。
その結果、何が起こってきたでしょうか。三章八—一〇節のことばは意味深長です。

「そよ風の吹くころ、彼らは、神である**主**が園を歩き回られる音を聞いた。それで人とその妻は、神である**主**の御顔を避けて、園の木の間に身を隠した。神である**主**は、人に呼びかけ、彼に言われた。『あなたはどこにいるのか。』彼は言った。『私は、あなたの足音を園の中で聞いたので、自分が裸であるのを恐れて、身を隠しています。』」

神の目から隠れおおせることなどできません。それなのに、木陰に身を隠そうとする彼らの姿はこっけいですらあります。そのような彼らに神は、「あなたはどこにいるのか」と問いかけました。もちろん神が知らなくて尋ねたのではありません。むしろ、神から離れてしまい、身を隠そうとしている自分たちの現実を気づかせるためでしょう。「あなたはどこにいるのか。」この問いは、神から離れてしまったすべての人間に向けられた、神の問いかけなのです。
アダムは答えました。神の声を聞いたとき、自分が裸なので恐れて身を隠したのだ、と。ここに、神との親しい交わりを失ってしまった私たち人間の現実が端的に表現されています。そうです。神に背いた結果、神が恐ろしい存在になってしまったのです。そして神から身を隠そうとします。すべてが知られてもなお安心できる、そのような愛の交わりを失いました。それでも神は私たちを愛していてくださり、交わりを回復しようと手を差し伸べてくださるのに、その愛を信じることをせず、心を閉ざしてしまったのです。

このため、すでに述べたように、神のかたちに造られた者として、神を求め慕う思いがありながら、同時に神を神として認めず、心を閉ざし、祈ることのできない者となってしまいました。

確かに形の上では祈っていても、自分の思いの中を堂々めぐりしていたり、自分の願いをただ何かにぶつけていたり、自分勝手に「神」を作って、その「神」に祈ったりする。私たちはそんな者になってしまったのです。

しかし、それでも神は私たち人間をお見捨てになりませんでした。自分を隠そうとする人間に対し、神はなおも語りかけました。罪を犯したエバやアダムに対してさえ、神は語りかけ（創世記三章一六―一九節）、彼らに対する愛を示されました（同二一節）。弟を殺すというひどい罪を犯したカインでさえ、神は語りかけ、保護なさったのです（同四章一―一五節）。そしてアダムの子孫の中から、神に心を向けようとする者たちが出てきました。創世記四章の終わりに、「そのころ、人々は主の名を呼ぶことを始めた」とあるとおりです。

3　無力な者の祈り

私たちは、立派なことばを連ねることが祈りだと考えるかもしれませんが、そうではありません。これまで見てきたように、私たちの内には祈ろうとする思いとともに、むしろ祈ることを拒むような思いがあります。罪に堕落したアダムの子孫である私たちは、本質的に祈りを苦手としています。それはアダムたちがしたように、自分の身を隠そうとするからです。自分を立派に見せようとするからです。

ですから、祈りは何よりもまず、自分の姿を神の前に正直に認めることから始まります。祈りをテーマにした名著の一つに、北欧の神学者ハレスビーの『祈りの世界』（鍋谷堯爾訳、日本基督教団出版局）という本があります。その最初の章で彼は、私たちが自分の無力さを自覚するところに真の祈りが始まることを明らかにしています。彼によれば、無力な人だけが祈ることができるというのです。どのように祈ったらよいかわからない。それほど無力な者。心は罪と汚れに満ち、世俗的なことで占領されている。神とか永遠とかいったことが遠い世界のことに思われ、神に近づくなどとんでもない冒瀆、神に呼びかけるなんてとんでもない罪と思われる。そんな無力な自分であると気づくとき、そこから祈りが生まれます。「祈りは毎日、自分の無力さをどのように感じているかを神に告げることだけになります」（二五頁）とハレスビーは断言しています。本当にそのとおりだと思います。

祈りの本質を教えてくれる主イエスのたとえ話があります。「パリサイ人と取税人の祈りのたとえ」で、ルカの福音書一八章一〇―一四節にあります。

「二人の人が祈るために宮に上って行った。一人はパリサイ人で、もう一人は取税人であった。パリサイ人は立って、心の中でこんな祈りをした。『神よ。私がほかの人たちのように、奪い取る者、不正な者、姦淫する者でないこと、あるいは、この取税人のようでないことを感謝します。私は週に二度断食し、自分が得ているすべてのものから、十分の一を献げております。』一方、取税人は遠く離れて立ち、目を天に向けようともせず、自分の胸をたたいて言った。『神様、罪人の私をあわれんでください。』あなたがたに言いますが、義と認められて家に帰ったのは、あのパリサイ人ではなく、この人です。だれでも自分を高くする者は低くされ、自分を低くする者は高くされるのです。」

パリサイ人はとても「宗教的」で、立派な行いをたくさん積み重ねています。それを誇らしく数え上げています。彼は形の上では祈っていますが、実のところ神に祈り求めているわけではありません。神に拠り頼むのではなく、自分自身の力に信頼しているからです。彼は自分ですべてのことをしているのであって、神を必要としてはいないのです。

それと対照的なのが取税人です。彼は自分の罪深さに圧倒され、宮の中央に立つことなどできません。天を仰ぐこともできません。ただ神のあわれみを求めることしかできなかったのです。

「神様、罪人の私をあわれんでください」と。

主イエスは言われました。神が義と認められるのは、「立派な」パリサイ人ではなく、首うなだれた取税人である、と。神が求めておられるのは、パリサイ人のようになることではありません。神を必要としないほど「立派」になることではありません。むしろ、自分の無力さ、罪深さに圧倒され、神のあわれみを求める者となることです。神の前にへりくだった者となることなのです。

これが祈りです。祈りの原点、出発点です。罪人である私たちが聖なる神の前に立とうとするとき、神のあわれみを求める以外、いったい何ができるでしょうか。

しかしまた、祈りは「神様、罪人の私をあわれんでください」とただ繰り返すだけではありません。神は私たちを豊かな祈りの世界に招き入れてくださいます。章を改めて、そのことに話を進めましょう。

第二章　三位一体の神と祈り

「私たちの大祭司は、私たちの弱さに同情できない方ではありません。罪は犯しませんでしたが、すべての点において、私たちと同じように試みにあわれたのです。ですから私たちは、あわれみを受け、また恵みをいただいて、折にかなった助けを受けるために、大胆に恵みの御座に近づこうではありませんか」（ヘブル人への手紙四章一五―一六節）。

「あなたがたは、人を再び恐怖に陥れる、奴隷の霊を受けたのではなく、子とする御霊を受けたのです。この御霊によって、私たちは『アバ、父』と叫びます」（ローマ人への手紙八章一五節）。

第一章で述べたように、私たち人間は神との親密な交わりに生きる者として創造されましたが、罪に陥ってその交わりを失うことになりました。本当の意味では祈ることができなくなってしまったのです。

しかし、キリストによる救いを受け入れたクリスチャンに対し、神は祈るよう勧めておられます。「絶えず祈りなさい」（テサロニケ人への手紙第一、五章一七節）と。そこで私たちは祈ります。

確かにそれなりに祈ることができます。しかし、まもなく行き詰まりを感じます。祈ることを忘れたり、祈りのことばが出てこなかったり、義務感から祈るような自分を発見するからです。私たちは祈りにおける無力さを自覚させられるのです。

確かに私たちは、自分の力で祈ることはできません。祈りは私たちが自分の心の中からしぼり出すようなものではありません。実は神ご自身が、私たちの祈りを導かれるのです。祈ることにおいて無力な私たちを、神との親しい交わりに、神ご自身が導きいれてくださるのです。祈りは神の恵みの世界です。

この章では、このような神のすばらしい恵みについて記すことにしましょう。

1　三位一体の神

「聖書が教えている神が三位一体の神である」ということはすでに学んでおられると思います。実は、私たちの祈りは、神が三位一体であるという事実と深く関わっています。

「三位一体」ということば自体は、聖書に登場しません。しかし、「三位一体」ということばで表現できる現実が、神について語られています。この本のテーマは「三位一体の神」ではないので詳しく述べることはしませんが、少し説明しておきましょう。

聖書は、神は「唯一」であると教えています。たとえば、「聞け、イスラエルよ。主は私たちの神。主は唯一である」（申命記六章四節）、「『世の偶像の神は実際には存在せず、唯一の神以外には神は存在しない』ことを私たちは知っています」（コリント人への手紙第一、八章四節）と書かれています。

しかしながら聖書は同時に、イエスが「天の父」と呼ばれた神はもちろんのこと、イエス自身、そして信じる者の内に住まわれる「聖霊」＝「御霊」も神であると教えておられます。そこで私たちは、神は「父なる神」「子なる神」「聖霊なる神」として区別される存在でありながら、なお唯一の神であると信じるのです。

神ご自身の内に「複数性」があることは、旧約聖書に示唆されています。神が自らを「われわれ」と表現していることもその一つです。第一章で、神が「さあ、人をわれわれのかたちとして、われわれの似姿に造ろう」と語っているのを見ましたが、同じようなことがイザヤ書六章八節にも見いだされます。預言者イザヤは書いています。

「私は主が言われる声を聞いた。『だれを、わたしは遣わそう。だれが、われわれのために行くだろうか。』　私は言った。『ここに私がおります。私を遣わしてください。』」

また、イエスという方が神であることは、新約聖書から明らかです。イエスは弟子たちに、「アブラハム（二千年も前の人物！）が生まれる前から、『わたしはある』なのです」と言われました。不思議なものの言い方ですが、「わたしはある」は、千数百年前、神がモーセにご自身を現されたときに語られたことばです。そのことばをもって自らがだれであるかを語られたのです。イエスはまた、「わたしと父とは一つです」と言われました。父なる神と同じ本質をもっているとされたのです。こうしたことば（ヨハネの福音書八章五八節、一〇章三〇節）は、イエスが神でなければ説明できないものです。そのことばを聞いたユダヤ人たちは、イエスが自らを神とする罪を犯しているとして、ただちに石で打ち殺そうとしました。

聖書はまた、イエスという方が神であることを明言しています。代表的な証言を、二、三あげましょう。ヨハネの福音書一章一節では、イエス・キリストが「ことば」と呼ばれていますが、その「ことばは神であった」と言われています。また同じ章の一八節では、キリストが「ひとり子の神」と呼ばれています。

「いまだかつて神を見た者はいない。父のふところにおられるひとり子の神が、神を説き明かされたのである。」

さらにローマ人への手紙九章五節にも、「キリストは万物の上にあり、とこしえにほむべき神です。アーメン」と記されています。

聖霊という存在はどうでしょうか。聖霊は「神の力」として非人格的な存在とみなされることがありますが、その解釈は間違いです。ヨハネの福音書一四―一六章によれば、イエスは弟子たちに対する最後の教えの中で、自分が去って行った後「もう一人の助け主」聖霊を遣わすことを約束されました。その聖霊が彼に代わって彼らを教え導いてくださるというのです（一四章二六節、一六章一三節）。しかも、弟子たちにはそのほうがまさっているとまで言っておられます（一六章七節）。そうであれば、聖霊を単なる力とみなすことはできません。またコリント人への手紙第一、二章一一節には、「人間のことは、その人のうちにある人間の霊のほかに、いったいだれが知っているでしょう。同じように、神のことは、神の霊のほかにはだれも知りません」とあります。「人のうちにある霊」はその人自身ですから、神の御霊は神ご自身であると言うことができます。

そのようなわけで、確かに聖書は神が唯一であると教えながら、同時に父なる神、キリスト、聖霊が神であると教えています。互いに区別される存在でありながら、「三つの神」ではなく、唯一の神としての一体性を保っているのです。

三位一体を理解することは確かに容易ではありません。そこで三位一体を否定する人々がいつの時代にもいました。現在では「ものみの塔」「エホバの証人」と呼ばれる人々がそうです。彼らは「1＋1＋1＝3であって、1であるはずがない」と論じます。確かに算数であれば、「1＋1＋1＝3」が正解です。しかし、無限の神を1という数字で表すことが、適切と言えるでしょうか。もしあえて数で神を表すとするなら、神は無限の方ですから、1ではなくむしろ無限大∞となるでしょう。それなら、∞＋∞＋∞は三つの∞ではなく、一つの∞となります。

ともあれ、神は数学的な合理性を超えた方です。私たちの理性の枠にきっちり収まってしまう有限な存在ではありません。天地万物を創造した神を人間の理屈ですべて説明できなくても当然です。説明できるといったら、人間に理解できる範囲に神を「閉じ込める」ことになるでしょう。それは神を冒瀆することで、私たちはそのような態度をとってはなりません。

神が三位一体であるという事実は、私たちの祈りにとって、たいへん重要な意味をもっています。「父、子、聖霊」の一体性には、交わりにおける一体性が含まれます。神ご自身の内に愛の交わりがあるのです。父と子と御霊は互いに愛をもって仕え合っているのです。そのような神のかたちとして造られた私たちですから、私たちも神との交わりを求め、祈るのです。

また三位一体の神は、父、子、御霊の協力において、私たちに働きかけ、私たちと交わりをもってくださいます。三位一体の神はご自分の親密な交わりの中に私たちを招き入れてくださるのです。神がそのような方だから、私たちは神に祈ることができます。三位一体の神のチームワークによって、私たちには想像もできないような神との交わりの中に私たちは入れられるのです。そのチームワークとはどのようなものでしょうか。

2　父なる神への祈り

私たちの祈りは、基本的に父なる神に対してささげられるものと言ってよいでしょう。パウロはエペソ人への手紙三章一四―一五節で、こう書いています。

「こういうわけで、私は膝をかがめて、天と地にあるすべての家族の、『家族』という呼び名の元である御父の前に祈ります。」

またヨハネの手紙第一、五章一四節には、「何事でも神のみこころにしたがって願うなら、神は聞いてくださるということ、これこそ神に対して私たちが抱いている確信です」とあります。前後の文脈でキリストのことは「神の御子」と表現されていますから、ここで言う「神」は父なる神です。父なる神に願っている、つまり祈っているということです。

エルサレムに誕生したばかりの教会がささげている祈りも、父なる神にささげられています。

使徒の働き四章二四―三〇節に記録されている祈りの一部を引用します。

「主よ。あなたは天と地と海、またそれらの中のすべてのものを造られた方です。……主よ。今、彼らの脅かしをご覧になって、しもべたちにあなたのみことばを大胆に語らせてください。また、御手を伸ばし、あなたの聖なるしもベイエスの名によって、癒やしとしるしと不思議を行わせてください。」

「主」ということばはときどきイエス・キリストを指しますが、ここでは父なる神のことであることは明白です。ですから、父なる神が祈りの対象となります。それは決して御子キリストや聖霊を卑しめるということではありません。神ご自身がそうするよう、示しておられるのです。それで、パウロはエペソ人への手紙一章三―一四節で、キリストの救いのみわざや聖霊の働きを認めつつ、そのすべてが父なる神の栄光がほめたたえられるためであるとしています。「私たちの主イエス・キリストの父である神がほめたたえられますように」と祈るのです。

それでは「イエス様」という呼びかけをもって祈ってはいけないのでしょうか。そうではありません。新約聖書の中で明らかに御子に向かってささげられた祈りがあります。殉教の死を目の前にしたステパノはこう祈りました。

「主イエスよ、私の霊をお受けください」「主よ、この罪を彼らに負わせないでください」（使徒の働き七章五九―六〇節）。

またパウロも「私は、私を強くしてくださる、私たちの主キリスト・イエスに感謝しています」と書いています（テモテへの手紙第一、一章一二節）。

それでは聖霊に対する祈りはどうでしょうか。近年の聖霊に対する関心の高まりの中で、「聖霊様」とか「御霊様」といった呼びかけをもってささげる祈りがよく聞かれるようになりました。聖書そのものには、そのような祈りの例はありません。そこで、そのような祈りはすべきでないと断言する人々もいます。しかし、聖霊も三位一体の神でいらっしゃることを考えれば、全く不適切だと断定すべきでないように思います。

ただし、いつでも聖霊にしか祈りをささげないというのであれば、それは実質的に御父や御子が無視されていることにほかならず、神観は偏ったものとなります。またそれは、だれよりも聖霊ご自身が悲しまれることです。なぜなら聖霊なる神は控え目な方で、むしろ御父や御子の栄光を現し、私たちが御父や御子をほめたたえるように働かれる方だからです（ルカの福音書一〇章二一節、ヨハネの福音書一六章一四節、エペソ人への手紙五章一八―二〇節）。

そのようなわけで、私たちが祈るべき相手は基本的に父なる神です。御父は私たちに良いものを与えようと、私たちが祈り求めるのを待っておられるのです。主イエスはそう教えられました。

「このように、あなたがたは悪い者であっても、自分の子どもたちには良いものを与えることを知っているのです。それならなおのこと、天におられるあなたがたの父は、ご自分に求める者たちに、良いものを与えてくださらないことがあるでしょうか」（マタイの福音書七章一一節）。

3　御子イエスの名による祈り

クリスチャンの祈りを聞くと、決まった形式があるように思われるかもしれません。たいてい祈りは「イエスの御名／名によって」ささげるからです。祈りに何か決まりがあるわけではなく、形式は自由なのですが、実際には多くの祈りが「イエスの名」によってささげられています。「イエスの御名によって祈ります」「イエス・キリストのお名前によってお祈りいたします」「イエスの名でお祈りします」（もう少しかしこまった言い方では）「御子の御名によってお祈り申し上げます」など若干の違いはありますが、内容は同じです。

「イエスの名によって」ということはどういうことでしょうか。「名」はその人そのものを表すものです。ですから、端的に言えば「イエスによって」とか、「イエスを通して」ということです。また「イエスの権威によって」「イエスのゆえに」といった意味にもとれるでしょう。

どうして、わざわざイエスという方をもちだすのでしょうか。それは私たちが神の前に立てるのは、ひとえにイエス・キリストのおかげだからです。主イエスは私たちの罪を負って十字架で死に、よみがえられました。それで私たちは罪赦され、聖なる神の前に立つことができるようになりました。「このキリストにあって、私たちはその血による贖い、背きの罪の赦しを受けています」（エペソ人への手紙一章七節）とあるとおりです。イエスの贖罪の死によって、罪深い私たちが、きよい神に大胆に近づくことができるようになったのです。

イエス・キリストは父なる神と同じ神性をもち、永遠に存在しておられる方ですが、私たちを救うため、この世界にひとりの人間として誕生されました。私たちと同じひとりの人間として生きました。しかし、生涯罪を犯すことはありませんでした。罪の誘惑と闘い、父なる神のみこころに完全に従われたのです。そのような方ですから、私たちの罪を完全に負うことができ、私たちの罪の代価を完全に支払うことができました。ですから、この方によって私たちは初めて神に祈ることができるのです。

イザヤ書五九章一―二節に、「見よ。**主**の手が短くて救えないのではない。その耳が遠くて聞こえないのではない。むしろ、あなたがたの咎が、あなたがたと、あなたがたの神との仕切りとなり、あなたがたの罪が御顔を隠させ、聞いてくださらないようにしたのだ」とあります。聖なる神は罪を憎まれるので、私たちは罪のゆえに神から退けられてしまいます。私たちも自分の罪を自覚すると、とうてい祈りをもって神に近づくことなどできないと感じます。ですから、罪人の私たちがきよい神に祈れるのはひとえにイエス・キリストのおかげなのです。それで、「イエスの名によって」祈るのです。

しかし、祈りにおける主イエスの助けはそれだけではありません。過去の贖罪ばかりではありません。現在も私たちのためにとりなしていてくださいます。そのことによって、私たちは祈れるのです。

「イエスは永遠に存在されるので、変わることがない祭司職を持っておられます。したがってイエスは、いつも生きていて、彼らのためにとりなしをしておられるので、ご自分によって神に近づく人々を完全に救うことがおできになります」(ヘブル人への手紙七章二四―二五節)。

このキリストのとりなしによって私たちは救いを全うしていくことができます。

「だれが、私たちを罪ありとするのですか。死んでくださった方、いや、よみがえられた方であるキリスト・イエスが、神の右の座に着き、しかも私たちのためにとりなしていてくださるのです」（ローマ人への手紙八章三四節）。

私たちは救われていても罪に陥ります。弱い者です。悪魔（サタン）はそこを突いてきます。ですから、このような主イエスのとりなしが続いているというのは、何と幸いなことでしょうか。「イエスの名によって祈ります。」だれでもこう言って祈りを終えますから、まるで祈りをしめくくる決まり文句であるかのように思われるかもしれません。それに「アーメン」が加わって、祈りが終わったことを知らせる合図のように思う人もいるかもしれません。しかし、「主の御名によって」ということばは、私たちの祈りの土台、根拠を示すものなのです。このことばを口にするとき、私たちは救い主イエス・キリストによって罪深い自らが祈りをもって神に近づけるようになった幸いを覚えるのです。

4　聖霊による祈り

私たちの内から祈りが生れるとするなら、それは聖霊の働きによるものにほかなりません。聖霊は、私たちの祈りと実に深く関わっておられます。

ローマ人への手紙八章九―一〇節には、キリスト者に「内住」される聖霊のことが語られています。「もし、キリストの御霊を持っていない人がいれば、その人はキリストのものではありません」とまで言われています。すべて救われた者の内には聖霊が宿っていてくださいます。

そもそも聖霊が働いてくださったからこそ、私たちは自分の罪に気づき、悔い改め、キリストの救いを受け入れたのです。主イエスは弟子たちに対し、もうひとりの「助け主」である聖霊を送ると約束されました。そしてその方が来ると、それまで神に背いていた者たちが自分の罪を認めるようになると言われました（ヨハネの福音書一六章七―八節）。その聖霊の働きによって、罪人である私たちが、「イエスは主です」と告白するようになったのです（コリント人への手紙第一、一二章三節）。

聖霊はまた、私たちを霊的な意味で新しく誕生させてくださいました。主イエスは「まことに、まことに、あなたに言います。人は、水と御霊によって生まれなければ、神の国に入ることはできません」と宣言されました（ヨハネの福音書三章五節）。地位も名誉も財もあり、そのうえ人格的にも立派で、宗教的にも人々から尊敬されていたユダヤ人の指導者、パリサイ人ニコデモという人物に、こう語られたのです。ということは、人の目にすぐれていると思われる何かではなく、ただ神の御霊の働きだけが、霊的ないのちを人に与えることができることを示しています。（「水と御霊によって」とありますが、新生させるものが二つあるということではなく、一つのこと、つまり、人の罪を洗い流してくださる御霊の働きに言及しているのです。そのような働きが旧約聖書のエゼキエル書三六章二五―二七節に約束されています。）

このように聖霊によって悔い改め、イエスを救い主と信じた者、聖霊によって新生させられた者が、クリスチャンです。そして聖霊は引き続きクリスチャンの内にとどまって、最初の人アダムが失った神との交わりを回復していかれます。

こうした過程で、私たちの心に変化が生じます。この章の初めに掲げたローマ人への手紙八章一五節にあるように、私たちは聖霊によって、「アバ、父」と呼ぶことができるようになるからです。私たちは神を天の父であると意識するようになります。私たちは懐かしい、慕わしい、天の父に祈るようになるのです。

そこにはまた、私たちが受けたものは「人を再び恐怖に陥れる、奴隷の霊」ではなく、「子とする御霊」であるとあります。第一章で見たように、アダムは神を恐れて身を隠しました。しかし私たちは神をこわがって身を隠す必要はありません。むしろ私たちをこよなく愛し、両手をひろげて迎え入れてくださる天の父のふところに飛び込んで行くことができます。父親の腕の中で安心し、喜ぶことができる。そのような思いを御霊が与えてくださるのです。

「アバ、父」という呼びかけは、主イエス自身の祈りにもありました。イエスは十字架にかけられる前の晩、ゲッセマネの園で苦悶に満ちた祈りをささげましたが、その際「アバ、父よ」と呼びかけておられます（マルコの福音書一四章三六節）。「天地の主であられる父よ、あなたをほめたたえます」と祈ったときも（マタイの福音書一一章二五節）、ご自分を十字架につけた者たちに関して「父よ、彼らをお赦しください。彼らは、自分が何をしているのかが分かっていないのです」と祈ったときも、「アバ、父よ」と呼びかけられたものと思われます（ルカの福音書二三章三四節）。

ですから、ひとり子の神、神の御子でいらっしゃる方が祈られたのと同じ親しさをもって、私たちも聖なる全能の神に向かって「アバ、父よ」と祈ることができます。そのように祈るよう聖なる神が私たちを促してくださるからです。その意味で、確かに聖霊は「子とする御霊」です。私たちの祈りはまさに聖霊の助けによってできることなのです。

私たちが祈るのを助ける聖霊の働きは、そればかりではありません。ローマ人への手紙八章二六―二七節には、さらにすばらしい約束が記されています。

「同じように御霊も、弱い私たちを助けてくださいます。私たちは、何をどう祈ったらよいか分からないのですが、御霊ご自身が、ことばにならないうめきをもって、とりなしてくださるのです。人間の心を探る方は、御霊の思いが何であるかを知っておられます。なぜなら、御霊は神のみこころにしたがって、聖徒たちのためにとりなしてくださるからです。」

私たちが祈りにおいて無力で、何をどう祈ったらよいかわからないことが少なくありません。そのようなとき、御霊が深いうめきをもってとりなしてくださるというのです。私たちに何を祈るべきか教えてくださる場合もあるでしょう。その場合は御霊が助けてくださったことが体験的にわかります。しかしまた、祈ることがまったくできなかったと感じるような場合でも、御霊は私たちの祈りにならない祈りを取り上げて、父のもとに届けてくださっています。しかも聖霊は神の御霊ですから、神のみこころにしたがってとりなしてくださるので、そのとりなしを父なる神はよく理解し、実現させてくださるというのです。

このように、御霊なる神の働きによって、「祈り」とはとうてい呼べないような私たちの祈りが、神のみこころの実現のために用いられるのです。何とすばらしいことでしょう。

私たちは自分で何とか立派な祈りをしよう、熱心な祈りをしよう、祈りをもって神を動かそうなどと考えるかもしれません。その一方で、自分の祈りの貧しさを嘆き、「こんな祈りでは、とうてい神のもとに届いているとは思えない」と嘆くかもしれません。しかし、そもそも祈りは、私たちの行為である以前に、主イエスのとりなしによって可能とされ、御霊の導きによって生まれるものであることを、私たちは覚えておかなければなりません。

祈りとは御霊によって、御子を通して、父なる神にささげられるものです。そこに三位一体の神の「チームワーク」が存在します。特に御霊の助けと導きは大切です。ですから、パウロもクリスチャンに対して勧めているのです。

「あらゆる祈りと願いによって、どんなときにも御霊によって祈りなさい」(エペソ人への手紙六章一八節)。

救い主キリストのとりなしを覚えつつ、聖霊の助けを求めつつ、私たちも祈りましょう。

第三章　何を祈るのか

私たちは何を祈るのでしょう。「こんなことを祈ったら、神様に失礼ではないか」と考え、遠慮する向きもあるかもしれません。聖書が祈るよう教えていることは何でしょうか。

1　神を賛美する

「神よ　あなたが天で
あなたの栄光が全地であがめられますように。」（詩篇一〇八篇五節）

私たちの祈りに一番欠けていることは賛美かもしれません。私たちは神に対する感謝、お願い、他の人の救いや癒やしを祈るとりなしなどは、わりとよく祈るのですが、神をほめたたえることばはなかなか出てきません。しかし、今自分はだれに向かって祈っているのかということを覚えることこそ、祈りの出発点です。神がどのような方か、心に思い巡らすことこそ最も重要なことです。思い巡らせば、神の栄光、偉大さ、すばらしさに圧倒され、私たちは神に賛美をささげるようになります。

ただし、「そうはいっても、神様のことを思い巡らしていると、いつのまにかいろいろなことを考えだして、祈りでなくなってしまう」と言われることがあります。確かに雑念が入りやすいことは事実です。また私たちの心から自動的に神を賛美する思いが出てくるわけではありません。むしろ、不安、不満、怒りなどが心にあって、真っ先に出てきやすいでしょう。

そこで、お勧めします。どうぞ聖書にある賛美のことばを思い巡らしてください。私たちが神の偉大さを再発見するのを、聖書のことばが助けてくれます。特に詩篇の中から神への賛美のことばを見つけ、それを心の蓄えるとよいでしょう。

「わがたましいよ　**主**をほめたたえよ。
わが神　**主**よ　あなたはまことに大いなる方。
あなたは威厳と威光を身にまとっておられます。」（詩篇一〇四篇一節）
「私の神　王よ　私はあなたをあがめます。
あなたの御名を　世々限りなくほめたたえます。
日ごとにあなたをほめたたえ
あなたの御名を世々限りなく賛美します。

主は大いなる方。大いに賛美されるべき方。
その偉大さは　測り知ることもできません。」（詩篇一四五篇一—三節）

あるいはまた、祈りの前に賛美するのもよいでしょう。讃美歌、教会福音讃美歌、新聖歌、讃美歌21、リビングプレイズなどいろいろな賛美歌集がありますが、歌いなれてきた歌集から特に神をほめたたえる歌を選んでください。繰り返し歌って、見なくても歌えるようになると良いですね。少し例をあげましょう。

「主をほめよ、わがこころ　いまわのときまで、
わが生くる日のかぎり　主をたたえまつれ、
この身と　たましい　たまいしみかみを。
ハレルヤ　ハレルヤ」（讃美歌二〇番）
「つくりぬしを　賛美します。
み前に進み　ひれふし、
ささげます　身もたましいも、
きよい主のみ名を　感謝して」（教会福音讃美歌九番、讃美歌21 六番）

「イエス　あなたの名は　何よりもすばらしい
インマヌエル　主はわたしと　共にいる　いつまでも」（リビングプレイズ五番）
「栄光　栄光　イエスにあれ
栄光　栄光　イエスにあれ
御座にいます　小羊よ　ほむべきおかた
あなたはすべおさめる　とわに正義をもって」（新聖歌一六五番）

とにかく、祈りの初めにこのような歌詞を朗読したり、歌ったりすることで、神を賛美する祈りが豊かにされていきます。

また、神が造られた美しい自然、雄大な自然の中にしばし身を置くことも貴重なことです。静かな森の中で木漏れ日を浴びながら、小鳥のさえずりに耳を傾けてください。浜辺に座って地平線に沈んでいく夕陽をじっと眺めるのもよいでしょう。天からふりそそぐような星をながめるのもすばらしいことです。自然科学を学んでいる人たちは顕微鏡でのぞくミクロの世界で、神の知恵や力、麗しさを実感させられるかもしれません。夏の日の雷雨や夕立、嵐の夜さえも神の大きな力を思う機会となります。自然に現された神の栄光に触れるとき、筆者の心には教会福音讃美歌二一一番（新聖歌二一一番）が浮かんできます。

「輝く日を仰ぐとき　月星ながむるとき
いかずち鳴り渡る時　まことの御神をおもう
わがたま　いざたたえよ　大いなる御神を
わがたま　いざたたえよ　大いなる御神を
森にて鳥の音をきき　そびゆる山にのぼり
谷間のながれのこえに　まことの御神をおもう……」（一、二節）

神を賛美することこそ、私たち被造物に与えられた最大の特権です。

2　神に感謝する

「心を尽くして　私は**主**に感謝をささげます。
あなたの奇しいみわざのすべてを語り告げます。」（詩篇九篇一節）

「わがたましいよ　**主**をほめたたえよ。
主が良くしてくださったことを何一つ忘れるな。」（詩篇一〇三篇二節）

確かに神がしてくださったこと、与えてくださった恵みを一つ一つ感謝することは、すばらしいことです。たくさんの重荷を負いながら伝道していた使徒パウロも、よく手紙の最初に感謝の祈りをささげています。何か問題があって手紙を書いているわけですが、その問題に入る前にまず感謝しているのです。たとえば、ピリピ人への手紙一章三―五節には次のようにあります。

「私は、あなたがたのことを思うたびに、私の神に感謝しています。あなたがたすべてのために祈るたびに、いつも喜びをもって祈り、あなたがたが最初の日から今日まで、福音を伝えることにともに携わってきたことを感謝しています。」

私たちが感謝することをあげるとすれば、何よりも私たちのような罪人を救うために、救い主キリストをお送りくださったことだと言えるでしょう。主イエス・キリストが私たちの身代わりとなって十字架の苦しみと辱しめを受けてくださったこと、その結果、罪が赦され神のもとに立ち返ることができたことでしょう。

「幸いなことよ

その背きを赦され　罪をおおわれた人は。」（詩篇三二篇一節）

しかも、十字架による贖罪は、神の絶対的な愛、変わることのない愛を証ししています。ですから、使徒パウロはローマ人への手紙八章をこう結んでいます（三八—三九節）。

「私はこう確信しています。死も、いのちも、御使いたちも、支配者たちも、今あるものも、後に来るものも、力あるものも、高いところにあるものも、深いところにあるものも、そのほかのどんな被造物も、私たちの主キリスト・イエスにある神の愛から、私たちを引き離すことはできません。」

このような神の愛、神による救いを何よりもまず感謝しましょう。そのうえで、生活の中から感謝すべきことをあげてみましょう。家族のこと、健康のこと、仕事のこと、教会生活、家庭生活のこと、自分に与えられている賜物や使命など、たくさん数えあげることができるでしょう。

もちろん私たちは苦しみも経験します。感謝するどころか「のろいたくなる」ような状況に置かれることもあります。むしろそのようなことのほうが多いかもしれません。しかし、そのような時こそ、感謝できることはないか考えてみることが重要です。教会福音讃美歌四一三番／新聖歌一七二番はそのように私たちを励ましています。

「望みの消えゆくまでに　世のあらしに悩むとき
かぞえてみよ主の恵み　ながら心はやすきをえん。
かぞえよ主の恵み　かぞえよ主の恵み
かぞえよひとつずつ　かぞえてみよ主の恵み」

実際、様々な困難がありながら、やせ我慢でもなく、建前でもなく感謝できるところに、クリスチャンに与えられている救いのすばらしさがあると思います。パウロがピリピ人への手紙で感謝しているのを見ましたが、実に彼自身は「投獄」という厳しい状況に置かれていたのです。ところで感謝の祈りといえば、多くの人は「食前の感謝」を思い出すでしょう。それにも触れておきましょう、食事の前の感謝の祈りはクリスチャンにとってほとんど「習慣」になっています。祈りをせずに食べ始めたら、何か罪を犯したように感じて心が落ち着かなくなる人もいるかもしれません。

食事を感謝することはすばらしいことです。でも案外マンネリ化しやすいように思います。「祈りは初めて」という人に最初から申し上げるのも変かもしれませんが、マンネリ化、形式化しないようにすることが必要です。そのためにも、この祈りの意義を少し考えておきましょう。

食前の感謝の祈りをささげる意義は、単純に神から受けたものを神に感謝する、ということにあります。しかし、それならばなぜ食事なのでしょう。私たちは健康にしても、住む家、着る物といった物質的な必要、家族、友人など、さらには仕事や使命なども含め、すべてのものを神から受けています。そうした一切のものを神に対して感謝する、その典型的な機会が食前であると考えたらよいでしょう。

食物は私たちの生命の維持に不可欠です。ですから、その基本的なものを感謝することによって、神から受けているすべてのものを感謝する。自分のいのちが神によって支えられているものであることを告白する。それが食前の感謝なのです。

ですから、感謝するのは食前だけでなくてもよいのです。食前だけでなく、食後にも感謝の祈りをささげる人々と食卓を共にしたことがあります。それはとても新鮮な経験でした。また、食事の時だけでなく、一日の初めと終わりに、神から受けたものの一切を感謝する時をもつとよいでしょう。さらには、たとえば誕生日に、自分のいのちや自分をはぐくんでくれた家族や友人の存在を感謝することも、すばらしい祝福となるでしょう。

それからまた、ゆっくり時間をとって自分の歩んできた人生を振り返り、一つ一つ神に感謝する。そんな機会を設けることをお勧めします。クリスチャンの親しい友と分かち合うのもよいでしょう。きっと新しい発見があります。クリスチャンホームに育った人、幼い時から福音に触れてきた人は、そのことの幸いを再認識するでしょう。

キリスト教的背景がないという人々も、キリストに出会う前から自分が神の顧みの内にあったことに気づくでしょう。自分自身はまったく神を意識していなかったのに神のほうでは知っていてくださって、人生を導いてくださったとわかるでしょう。パウロは実に「神は、世界の基が据えられる前から、この方(キリスト)にあって私たちを選」んでおられたと書いています(エペソ人への手紙一章四節)。筆者自身は、クリスチャンになる前に受けていた教育とか経験が、後の奉仕に見事に役立っていたことを知り、不思議な神の計画に感謝したことがあります。

とにかく、たくさん感謝することがあります。あるはずです。ですから、感謝の祈りをささげようではありませんか。

「すべてのことにおいて感謝しなさい」(テサロニケ人への手紙第一、五章一八節)。

3　罪、無力等を告白する

「神様、罪人の私をあわれんでください」(ルカの福音書一八章一三節)。

　第一章で述べたように、アダムが神に背いたとき、自分の身を隠そうとしました。そこには、神にも人にも自分の姿を知られたくないという罪人の思いが表現されています。確かに私たちは自分の姿を正直に認めるのが苦手です。特に自分の失敗や過ちがなかなか認められず、責任を転嫁しようとします。あからさまに指摘されれば腹を立て、怒りをあらわにします。自分の能力を誇示し、業績を誇り、自分が無力であるなどと認めるのは敗北主義で、そのようなことでは人生を生きていけないと主張します。

　しかし、私たちに対する神の愛がわかることによって、私たちの態度は変わっていきます。全知全能の神に対して何かを隠そうとしても無駄なことに気づきます。聖霊によって私たちは自分の罪深さや汚れを自覚させられます。私たちが自分の罪を認め、それを正直に告白して悔い改めるとき、神が赦してくださる。それが福音ですから、私たちは勇気を奮い起こして神に告白します。「主よ。私は本当に罪深い者です。こんなに愚かなことをしてしまいました。こんなに邪悪なことを考えました。どうぞ赦してください。同じ罪を繰り返すことのないように、助けてください」と祈るのです。

⑴　罪の告白

罪の告白の大切さについて少し説明しましょう。旧約聖書の中心人物のひとりダビデ王は様々な罪や失敗を犯しました。次の祈りはそのダビデのものです。それは罪を告白しないでいるときの不安と、告白した時もたらされる幸いを見事に表現しています。

「私が黙っていたとき　私の骨は疲れきり
私は一日中うめきました。
昼も夜も　御手が私の上に重くのしかかり
骨の髄さえ　夏の日照りで乾ききったからです。
私は自分の罪をあなたに知らせ
自分の咎を隠しませんでした。
私は言いました。
『私の背きを主に告白しよう』と。
すると　あなたは私の罪のとがめを
赦してくださいました。」（詩篇三二篇三―五節）
「幸いなことよ
その背きを赦され　罪をおおわれた人は。

幸いなことよ
主が咎をお認めにならず
その霊に欺きがない人は。」（詩篇三二篇一—二節）

ダビデは、自分の家来の妻と姦通し、しかも彼女の夫を死に追いやるという恐るべき罪を犯しました。次の祈りは、そのように大きな罪を告白した時の祈りの一部です。

「神よ　私をあわれんでください。
あなたの恵みにしたがって。
私の背きをぬぐい去ってください。
あなたの豊かなあわれみによって。
私の咎を　私からすっかり洗い去り
私の罪から　私をきよめてください。
まことに私は自分の背きを知っています。
私の罪は　いつも私の目の前にあります。
私はあなたに　ただあなたの前に罪ある者です。

私はあなたの目に　悪であることを行いました。……

神よ　私にきよい心を造り

揺るがない霊を　私のうちに新しくしてください。」（詩篇五一篇一―四、一〇節）

ですから、聖霊が私たちに罪を示してくださるとき、それを率直に認め、神に告白することです。ヨハネの手紙第一、一章九節には、「もし私たちが自分の罪を告白するなら、神は真実で正しい方ですから、その罪を赦し、私たちをすべての不義からきよめてくださいます」というすばらしい約束があります。「自分はクリスチャンになったとき、思いつくかぎりの罪を全部告白し、悔い改めた。だから、もうすべての罪が赦されているので、罪の告白は必要ない」という考えは間違っています。ヨハネの手紙はクリスチャンたちに宛てたもので、しかも「もし罪を犯したことがないと言うなら、私たちは神を偽り者とすることになり、私たちのうちに神のことばはありません」と言っているのです。

他方、まだ赦されていないかのように、「全部」の罪を告白しなければと躍起になるのも正しくありません。神に背いていたことを悔い改め、キリストを信じたとき、すべての罪は赦されているのです。クリスチャンにとってその赦しは変わりません。しかし、神に逆らう自己中心的な性質（＝「肉」）がありますから、日々の歩みの中で罪を犯します。すると神の御顔を避けたくなるのです。ですから、罪を告白し、もう一度罪赦された喜びを取り戻す必要があります。そうでないと、幸いなクリスチャン生活を送ることができません。

私たちは罪を告白する前に、自分の内に罪がないかどうか、悔い改めるべきことがないかどうか、神が明らかにしてくださるよう祈ります。「私のうちに 傷のついた道があるかないかを見て私をとこしえの道に導いてください」と祈るのです（詩篇一三九篇二四節）。

これは自分の心を「しらみつぶしに」精査して、まだ告白していない罪がないとわかったら、初めて救いの喜びを得ることができるからではありません。むしろ積極的に、神のみこころを忠実に行う者となるためです。また自分の無力さを知らされることによって、神のあわれみと赦しをいよいよ豊かに知らされていくためです。そして神の御霊に一層頼って生きるためです。

しかしまた、たとえどんなに自分の罪に敏感であったとしても、そのすべてを意識し告白することはできないでしょう。私たちの気づかないところに罪があるでしょう。そこで、次のような祈りが生まれるのです。

「だれが　自分の過ちを悟ることができるでしょう。
どうか　隠れた罪から私を解き放ってください。」（詩篇一九篇一二節）

(2) 無力

「罪」ばかりではなく、私たちは神の前に自分が無力な存在であることを、絶えず知らされていきます。自分で何でもできるかのように思いながら人生を生きてきた人であっても、それが思い上がりであったことを知り、謙虚にさせられていくのです。

使徒パウロはローマ人への手紙七章で、神のみこころを行えない自分の無力さを嘆いています。特に一八節後半から一九節を見てください。「私は、自分のうちに、すなわち、自分の肉のうちに善が住んでいないことを知っています。私には良いことをしたいという願いがいつもあるのに、実行できないからです。私は、したいと願う善を行わないで、したくない悪を行っています。」

二四節では、「私は本当にみじめな人間です」とまで告白しています。確かに真剣に神に従おうとするとき、私たちが自分の内に発見するのは、願うことと正反対のことをしばしばしてしまう現実です。救われていても、私たちの古い性質「肉」が神のみこころに逆らうからです。しかし、そうした自分の現実を神の前に正直に告白することによって、神の助けを求めていくことができます。そこに望みがあるのです。

「無力」といえば、私たちは齢《よわい》を重ね老いていく中で無力さを覚えます。キリスト者だから歳をとらないわけではありません。病気にならないわけではありません。

昨日までできたことが、ある日突然できなくなる、ということもあります。あらためて自分が

郵便はがき

恐縮ですが 切手を おはりください

164-0001

東京都中野区中野 2-1-5

いのちのことば社

出版部行

ホームページアドレス　https://www.wlpm.or.jp/

お名前	フリガナ	性別	年齢	ご職業
ご住所	〒	Tel.　(　　)		
所属(教団)教会名		牧師　伝道師　役員 神学生　CS教師　信徒　求道中 その他 該当の欄を○で囲んで下さい。		

WEBで簡単「愛読者フォーム」はこちらから!
https://www.wlpm.or.jp/pub/rd
簡単な入力で書籍へのご感想を投稿いただけます。
新刊・イベント情報を受け取れる、メールマガジンのご登録もしていただけます!

ご記入いただきました情報は、貴重なご意見として、主に今後の出版計画の参考にさせていただきます。その他、「いのちのことば社個人情報保護方針 (https://www.wlpm.or.jp/about/privacy_p/)」に基づく範囲内で、各案内の発送などに利用させていただくことがあります。

いのちのことば社＊愛読者カード

本書をお買い上げいただき、ありがとうございました。
今後の出版企画の参考にさせていただきますので、
お手数ですが、ご記入の上、ご投函をお願いいたします。

書名

お買い上げの書店名

町
市　　　　　　　　書店

この本を何でお知りになりましたか。

1. 広告　いのちのことば、百万人の福音、クリスチャン新聞、成長、マナ、
信徒の友、キリスト新聞、その他（　　　　　　　　）
2. 書店で見て　3. 小社ホームページを見て　4. SNS（　　　　）
5. 図書目録、パンフレットを見て　6. 人にすすめられて
7. 書評を見て（　　　　　　　　）　8. プレゼントされた
9. その他（　　　　　　　　　　）

この本についてのご感想。今後の小社出版物についてのご希望。

◆小社ホームページ、各種広告媒体などでご意見を匿名にて掲載させていただく場合がございます。

◆愛読者カードをお送り下さったことは（　ある　初めて　）
ご協力を感謝いたします。

永遠の存在ではなく、被造物にすぎないことを思わせられるのです。しかし、そうした無力さ、寂しさにありながら、私たちはその事実を神に告白し、あわれみと助けを求めることができます。それもまた私たちに与えられている特権です。旧約の詩人はこう歌います。

「年老いたときも　私を見放さないでください。
私の力が衰え果てても　見捨てないでください。……
年老いて　白髪頭になったとしても
神よ　私を捨てないでください。」（詩篇七一篇九、一八節）

さらに私たちは時折（しばしば？）祈れないという経験をします。祈りにおける無力さを味わうのです。しかし、そのような私たちに神はすばらしい助けを用意しておられます。第二章で見たローマ人への手紙八章二六節のすばらしい約束を、もう一度心に留めてください。

「同じように御霊も、弱い私たちを助けてくださいます。私たちは、何をどう祈ったらよいか分からないのですが、御霊ご自身が、ことばにならないうめきをもって、とりなしてくださるのです。」

ですから、祈れないとき、自分の思いでない祈りを口にするより、「神様、私は祈ることができません」と正気に告白してください。「祈れない私をあわれんでください」と祈るのです。しばらく沈黙が続くかもしれません。しかしそのような沈黙はとても大切です。何かを語ろうと私たちは焦りますが、むしろ神がお語りくださるのを聞く時なのかもしれません。とにかく自分の現実を正直に神に申し上げることです。

4　苦しみや悩みを打ち明ける

「主よ　私の祈りを聞いてください。
私の叫びが　あなたに届きますように。
私の苦しみのときに
御顔を私に隠さないでください。
私に耳を傾けてください。
私が呼ぶときに　すぐに私に答えてください。」（詩篇一〇二篇一―二節）
「あなたはよくご存じです。

私への嘲りと　恥と恥辱とを。
私に敵する者はみな　あなたの御前にいます。
嘲りが私の心を打ち砕き
私はひどく病んでいます。
私が同情を求めても
それはなく
慰める者たちを求めても
見つけられません。」（詩篇六九篇一九―二〇節）

私たちは、悩みなしの人生を送ることはできません。私たちは一生様々なことで悩みます。健康のこと、仕事のこと、人間関係、経済的な困難、実に多くの悩みを抱えます。人から誤解されたり、いじめや差別にあったりしてつらい思いをします。「自分は何も悪いことをしていないのに、どうしてひどい目にあうのか」と、苦しむのです。時がたつと解決する問題もありますが、長期にわたって悩むことも少なくありません。

詩篇には、悩みの中からの祈り、心の叫びや訴えが少なからずあります。内容は現代の私たちの悩みと変わりありません。冒頭にあげた詩篇はその一例です。

詩篇二二篇二四節には悩みの中から助け出された喜びが歌われています。

「主は　貧しい人の苦しみを蔑まず　いとわず
御顔を彼から隠すことなく
助けを叫び求めたとき　聞いてくださった。」

しかし、祈った結果、いつでも事態が好転するわけではありません。祈ればたちどころに……となれば、まことに結構ですが、そうはいかないのです。それは神が私たちの祈りを無視されるからではなく、私たちの思いを超えた計画があるからです。「あの人が変わればよい。だから主よ、変えてください」と祈っているうちに、変わらなければならないのは自分であったと気づくこともあります。自ら悩みの種を蒔いていたことに気づくこともあるのです。悩みを抱えていると、高慢になりやすい私たちでもへりくだり、神の助けを真剣に仰ぎます。苦しみが神を信頼することを習得する機会となります。ですから、次のような祈りが生まれるのです。

「苦しみにあう前には　私は迷い出ていました。
しかし今は　あなたのみことばを守ります。」（詩篇一一九篇六七節）

「苦しみにあったことは　私にとって幸せでした。
それにより　私はあなたのおきてを学びました。」（詩篇一一九篇七一節）
「主よ　私は知っています。
あなたのさばきが正しいことと
あなたが真実をもって
私を苦しめられたことを。」（詩篇一一九篇七五節）

事態がすぐに変わらなくても、悩んでいること、思い煩っていることをすべて神に打ち明けましょう。

「あなたがたの思い煩いを、いっさい神にゆだねなさい。神があなたがたのことを心配してくださるからです」（ペテロの手紙第一、五章七節）。

5　願いを伝える

「主よ　あなたの道を私に知らせ

あなたの進む道を私に教えてください。
あなたの真理に私を導き　教えてください。……」（詩篇二五篇四―五節）

悩みや苦しみから救い出してくださいという祈りも、私たちの「願い」ですが、ここではそのほかの「願い」を取り上げましょう。

クリスチャンの日々の祈りの中心にあるものは、「みこころを教えてください」という祈りです。私たちは神のみこころを知り、それを実行していきたいと思います。

そこで聖書を読む前に、聖霊が自分を教えてくださるよう、神の真理に目が開かれていくことができるよう祈りましょう。また教えられたことを実行するために、聖霊が助けてくださるよう祈りましょう。詩篇一九篇一四節にならって、「私の口のことばと　私の心の思いとが　御前に受け入れられますように」と祈って一日を始めてください。

また神に知恵を願い求めるよう、私たちは勧められています。

「あなたがたのうちに、知恵に欠けている人がいるなら、その人は、だれにでも惜しみなく、とがめることなく与えてくださる神に求めなさい。そうすれば与えられます」（ヤコブの手紙一章五節）。

旧約聖書の列王記第一、三章に次のような話があります。ソロモン王が即位したとき、神は「あなたに何を与えようか。願え」と告げました。そこで彼はイスラエルの民を治めるために知恵を下さいと祈りました。彼が自分のために長寿や富を願うのでなく、敵のいのちも求めず、知恵を求めたことを神は喜び、その求めをかなえることを約束なさいました。そればかりか、願わなかった富や誉れも与えると言われたのです。神は知恵に満ちた方ですから、神に仕えるために知恵を求めることはよいことなのです。

また、「主の祈り」の章でも触れますが、私たちは自分の物質的な必要についても祈るように勧められています。健康が支えられ、仕事がうまくいき、必要なものが満たされるよう祈ってよいのです。与えられた収入を賢く用いるため、祈って買い物に出かけたらよいでしょう。毎日の食事のメニューについても祈ることができます。

さらに、日々の生活における人間関係についても、多くの祈りと願いがささげられるでしょう。共に働くことに難しさを覚えたり、波長の合わないと感じたりする時には特に祈ります。また、愛をもって真実に接していくことができるよう祈ります。「愛は……人がした悪を心に留めず」（コリント人への手紙第一、一三章四―五節）とあるように、人をさばいたり、恨みに思ったりすることから守られるよう祈ることも大切です。そのようにして良い信頼関係が築かれていくのです。

「願い」ということで、まだまだたくさんあげることができるでしょう。とにかく、どんなことでも神に告げてください。ただし、気をつけなければならないこともあります。何でも神にお願いできるからといって、私たちが自己中心的に生きる「手助け」を神にしてもらうことにならないよう、注意しなければなりません。私たちが神に仕えるのであって、自分の思いを達成するために神に「仕えて」もらうのではありません。実際、神は何でも私たちが求めるものを自動的に与える方ではありません。私たちは求めても得られないという現実の中で、自らの自己中心に気づかされることも少なくありません。ヤコブの手紙四章三節は、「求めても得られないのは、自分の快楽のために使おうと、悪い動機で求めるからです」と指摘しています。

たとえ願ったとおりにならなくても、私たちは神と共にある幸いを味わいます。

「何も思い煩わないで、あらゆる場合に、感謝をもってささげる祈りと願いによって、あなたがたの願い事を神に知っていただきなさい。そうすれば、すべての理解を超えた神の平安が、あなたがたの心と思いをキリスト・イエスにあって守ってくれます」（ピリピ人への手紙四章六―七節）。

私たちは人知を超えた平安を与えられるのです。

6　他の人々のためにとりなす

「そこで、私は何よりもまず勧めます。すべての人のために、王たちと高い地位にあるすべての人のために願い、祈り、とりなし、感謝をささげなさい」（テモテへの手紙第一、二章一節）。

「とりなし」は、他の人々のために祈ることです。他の人のためにとりなすことを神は喜んでくださいます。神のかたちとして造られた私たちですから、他の人の必要を知り、とりなすことは自分にとってもとても大きな喜びとなります。祈りが聞かれるとき、共に喜ぶことができます。

生活を共にしている最も身近な存在は家族ですから、私たちは家族一人ひとりのためにとりなしの祈りをします。病気がいやされるように、仕事が祝されるように、学校生活を楽しめるように、友だちと良い関わりができるように……祈るべきことはたくさんあります。特に救われていない家族のためのとりなしは、私たちの継続した課題となります。

もちろん、教会生活を共にしている仲間たちのための祈りも大切です。教会には、とりなしを必要としている病気の人、様々な問題で苦しんでいる人たちがいます。礼拝や祈禱会（聖書の学びと祈りの集い）、家庭集会が祝福されるためにも祈りが必要です。特別伝道集会があれば、多くの人々が集まって福音を聞き、信じることができるようにと祈ります。会堂建築のようなプロジェクトがあれば、すばらしいものを主にささげることができるよう、経済的な必要が満たされるよう、工事の関係者が守られるよう、皆で祈っていきます。

特にまた、牧師や宣教師など神様の働きのために献身している方々のことを覚えて祈ってください。パウロは、「私のためにも、私が口を開くときに語るべきことばが与えられて、福音の奥義を大胆に知らせることができるように、祈ってください」と、リクエストしています(エペソ人への手紙六章一九節)。彼が宣教師としてあれほど精力的に活動できた背後には、多くのとりなし手があったからなのです。

また、霊的な指導者たちが誘惑に陥ることなく、神と人の前にきよい良心をもって歩めるよう祈る必要があります。悪魔は教会を腐敗させるために、教会の指導者たちに罪を犯させて、神の栄光を損なおうとするからです。

パウロは、「すべての聖徒のために、忍耐の限りを尽くして祈りなさい」と勧めています(エペソ人への手紙六章一八節)。身近な人のことだけではなく、とりなしの視野を広げていってください。特に困難や迫害に会っている世界各地の教会のために祈りましょう。

詩篇一〇篇一二節には、「主よ 立ち上がってください。神よ 御手を上げてください。どうか貧しい者を忘れないでください」という祈りがあります。また七四篇二一節には、「虐げられる

者が　辱めを受けて帰されることがなく　苦しむ者　貧しい者が　御名をほめたたえますように」とあります。社会的な「弱者」たち、飢餓や内戦に苦しんでいる人々、難民となっている人々のために、祈りましょう。戦争や紛争の当事者、当事国の間で平和が実現するために、憎しみによって引き裂かれた人々に真の和解がもたらされるために、とりなしの祈りが必要です。

最初に掲げた聖句は、「為政者」のためのとりなしを奨励しています。首相や大統領、社会に大きな影響力をもっている各界の指導者たちのために祈りましょう。彼らが正義と公正を行うことができるように。彼らの多くはクリスチャンではありませんから、彼らも救われ、神のみこころにかなった行動ができるよう、とりなしたいと思います。

さらにまた、もし私たちが迫害にあうなら、迫害者のためにとりなしの祈りをすべきです。主イエスは、「自分の敵を愛し、自分を迫害する者のために祈りなさい」と教え（マタイの福音書五章四四節）、自らも実行されました。「父よ、彼らをお赦しください。彼らは、自分が何をしているのかが分かっていないのです」という十字架上の祈り（ルカの福音書二三章三四節）がそれです。

パウロは、自分の同胞のイスラエル人がイエスを受け入れないことを悲しみ、「兄弟たちよ。私の心の願い、彼らのために神にささげる祈りは、彼らの救いです」と書いています（ローマ人への手紙一〇章一節、さらに同九章一―三節参照）。私たちもまた、主イエスを信じていない日本の九九％以上の人たちの救いのために、熱心にとりなしの祈りをささげていきましょう。

7　報告の祈り

　これまで述べてきたことから、「クリスチャンは、何でも祈ることができるのだ」と思われたでしょうか。そのとおりです。さらにもう一つ、短く付け加えたいことがあります。それは「報告の祈り」です。

　子どもが学校から戻って来て、「ねえねえ、学校でこんなことがあったよ」と母親に（父親にも！）話すことができるとしたら、とても幸せなことです。「こんなことを話したら、親に叱られるかもしれない」と思ったら、口を開くことはないでしょう。親を信頼している子どもは、何でも報告するでしょう。親もまた、子どもの報告に喜んで耳を傾けるでしょう。同じように私たちは、私たちの天の父である神に、何でも伝えることができます。

　それは、これまで述べてきた賛美、感謝、告白、願い、とりなしといったことと少し違います。「こんなことがあった」「あんなこともあった」「うれしかった」「悲しかった」。とにかく何でも天の父にお話しするのです。私はこの恵みを「報告の祈り」と呼びたいと思います。私たちは自分の身に起こったこと、自分が何を感じているか、何を迷っているか、何を喜んでいるか、どんなことでも神に「報告」できるのです。それは神を信頼しているからできるのです。そして、神はその祈りを喜んで受けとめてくださいます。

「神はすべてのことをご存じではないか。私たちが何を今さら伝える必要があるだろうか」と思うでしょうか。むしろ、神がすべてをご存じであるからこそ、私たちは安心して、どんなことでもお話しできるのではないでしょうか。子どもを愛している親、賢い親は、子どもが報告してくれることが既知のことであっても、「そんなこと、わかっている。だから話す必要はない」と制したりはしないでしょう。むしろ、自分を信頼して話してくれることに笑顔で耳を傾けることと思います。まして、そのような愛を親に与えてくださった神ご自身は、私たちの「報告」に耳を傾けてくださるのではないでしょうか。そのような報告の祈りから、また新たな気づきが与えられることもあるのです。

8　神が語られることに耳を傾ける

この最後の項目は意外に思われるかもしれません。しかし、とても大切なことです。祈りは神との交わりであり会話ですから、決して一方通行で終わらないはずです。人間同士の会話でも、一人が話しまくって終わりなら、それは交わりとは言えません。行ったり来たりのやりとりがなければダイアローグ（会話）ではなく、モノローグ（独り言）となってしまいます。

そこで、祈りの途中で、主に「お話しください。しもべは聞いております」（サムエル記第一、三章一〇節）と申し上げ、しばらく沈黙することをお勧めします。それは神が示してくださったことを思い巡らす時なのです。祈っているうちに罪を示されることもあります。困難にあっている人のために祈っていて、その人に連絡を取るよう促されていることに気づくこともあります。聖書を開いて読むのもよいでしょう。祈っていて心に浮かんできたことをノートに書きつけるのもよいでしょう。

祈りがマンネリ化する一つの理由は、神に語ってばかりいて、聞くことをしないことにあるのではないでしょうか。自分から語る独り言は空しいものです。祈っている自分に耳を傾けてくださる主なる神を意識し、語ってくださることを受けとめてこそ、祈りが実り豊かなものとなります。

また、祈っていて示されたことを実行することで、神のみこころに従って生きることの喜びを体験します。実際、神の導きを求めて祈ることから始めた一日の終わりに、神が確かに私に伴っていてくださったと実感できることは楽しいことです。そこからまた、神様に対する賛美や感謝が生まれてくるのです。

第四章　「主の祈り」

「ですから、あなたがたはこう祈りなさい。
『天にいます私たちの父よ。
御名が聖なるものとされますように。
御国が来ますように。
みこころが天で行われるように、
地でも行われますように。
私たちの日ごとの糧を、今日もお与えください。
私たちの負い目をお赦しください。
私たちも、私たちに負い目のある人たちを赦します。
私たちを試みにあわせないで、
悪からお救いください。』
〔国と力と栄えは、とこしえにあなたのものだからです。アーメン。〕」
（マタイの福音書六章九―一三節、〔　〕内は脚注のことば）

礼拝で司会者が「主の祈りを祈りましょう」と言うと、初心者は緊張します。最初は何のことかわかりません。「そうか、キリストが教えられた特別な祈りなのか」とわかっても、暗記していないとついていけません。

多くの教会では、礼拝のプログラムとともに「主の祈り」が印刷された週報が用意されているでしょう。讃美歌の何番とか「表紙の裏」とか、主の祈りが出ている箇所を、司会者が教えてくれる教会もあるでしょう。

「主の祈り」は、伝統的には文語体です。しかし、もう少しわかりやすい口語体の「主の祈り」を用いている教会も増えているようです。教会が公に採用している聖書の訳で祈る教会もあります。

「主の祈り」は、主イエスが弟子たちに「こう祈りなさい」と教えた祈りです。それで「主の祈り」と呼ばれてきました。確かにこの祈りからは、祈りについて多くのことを教えられます。

以下、文語体と新改訳2017の訳にそって説明していきましょう。

1　「天にましますわれらの父よ／天にいます私たちの父よ」

「天にまします我らの父よ／天にいます私たちの父よ」という呼びかけで、主の祈りは始まります。

原文ではまず「父よ」とあります。旧約聖書で神はイスラエルの父であるとされています。ユダヤ人が「父よ」と祈ることがなかったわけではありません。しかし主イエスが「父よ」と祈ったことばはアラム語の「アバ」で、もともとは幼児語でした。そのようなことばで、聖なる絶対的な神に語りかけるよう教えられたのです。天地万物の創造者を「お父さん」と呼ぶことができるとは、何とすばらしい特権でしょう。

「父よ」に「我らの／私たちの」が続きます。「我が父よ／私の父よ」ではなく、「我らの父よ／私たちの父よ」です。

実は「主の祈り」では、いつも「我ら／私たち」なのです。「私たちの日ごとの糧を……」「私たちの負い目をお赦しください。私たちも、私たちに負い目のある人たちを赦します」「私たちを試みにあわせないで……」と、いつでも一人称複数です。

信仰は確かに個人的なものです。私の信仰であり、あなたの信仰です。部屋でひとり祈ることはとても大切です。私たちはひとりで神の前に立ちます。しかし、ひとりで神の前に立つ時、私たちはひとりでないと気づきます。自分は孤独ではなく、神の家族の一員であることを知らされるのです。

「我らの父よ／私たちの父よ」と祈るとき、自分さえよければというひとりよがり、自分だけが正しいという独善が追放されます。天の父に心を開くなら、共に祈る信仰の仲間たち、兄弟姉妹たちにも心を開くことになります。

さらに「天にまします／天にいます」ということばが続きます。私たちの父親は頼りなく尊敬できないかもしれません。反発したくなるかもしれません。いいかげんな父、気まぐれな父、虫の居所が悪いと怒鳴る父、暴力をふるう父、子どもを侮る父かもしれません。しかし、神は「天にいます父」です。広大無限の宇宙を創造し、細胞の一つ一つにこまやかな手を加えた方。小鳥にさえずりを、野の花にあふれる美を与えた方。慈愛に満ちた父です。ですから、私たちは「お父さん」のところに来たという安心感をもって祈ることができます。

しかしまた、神は人間の知恵をもって量ることのできない絶対者でもあります。ですから、私たちは神に親しさと同時に畏敬の念をもって近づくのです。

「思い違いをしてはいけません。神は侮られるような方ではありません」（ガラテヤ人への手紙六章七節）。

私たちの思いを超えた計画をもち、完全な愛と義をもって私たちを導かれる方、私たちの祈りに真に答えることのできる方に祈りましょう。「天にまします我らの父よ／天にいます私たちの父よ」と。

2　「ねがわくは御名をあがめさせたまえ／御名が聖なるものとされますように」

名はその人の人格、その人そのものを表します。神様の場合も同じで、「御名」＝神の名は、神ご自身を表しています。ですから、十戒に「あなたの神、主の名をみだりに口にしてはならない」とあり、神様を自分の都合良いように「利用」することが禁じられています。また、詩篇九篇一〇節に「御名を知る者は　あなたに拠り頼みます」とありますが、それは、神様がどういう方か本当にわかったら必ず信頼する、ということです。

「御名をあがめる」とはどういうことでしょう。「あがめる」という語を直訳すれば、「聖とする」「聖と認める」です。旧約の時代、祭司は羊の群れの中から傷のない、一番立派なものを取り出し、神にささげました。これが「聖とする」ことの本来の意味です。したがって主の御名を聖とするということは、神ご自身を、神でないもの、神にふさわしくないものから区別して、他のいかなるものとも違う方として認め、ほめたたえるということです。一言でいえば、神を神とする、ということです。ですから、「御名をあがめさせたまえ」という祈りと「御名が聖なるものとされますように」という祈りは、表現は違っていても本質は変わらないのです。

御名があがめられますようにと祈るのは、神が神とされていない現実があるからです。パウロも預言者イザヤのことばを引用して、「あなたがたのゆえに、神の御名は異邦人の間で汚されている」と嘆いています（ローマ人への手紙二章二四節）。神の民ユダヤ人が、神のみこころを知り、人にも教えながら、自分は実行していないのですから、神の御名が聖なるものとされるどころか、かえって汚されていました。それでパウロは嘆いたのです。

御名があがめられるためには、まさに私たちクリスチャンの生き方の中で、神様のすばらしさが明らかにされていかなければなりません。神様が他のどんな存在とも違う絶対的な方であることが、信じる私たちの内で確認されていくことが必要です。そこで私たちは祈るのです。「天の父よ。私は御名をけがすことしかできない者です。しかし、あなたを聖なる神として、絶対的な方として従ってまいります。この貧しい私を通して、どうかあなたが聖なる方であることが明らかにされ、御名があがめられますように」と。

3 「御国をきたらせたまえ／御国が来ますように」

私たちは、神が神とされることには程遠い現実があることを知っています。美しくきらめく星空を見ても、人々は神の栄光をたたえず、「神はいない」と言います。精巧な人体の仕組みを解明しながらも、神の叡知を驚嘆するのでなく、「人間は進化の産物にすぎない」と主張します。

クリスチャンも「神は愛である」と思いながら、なぜ神の愛がすべての人をおおい、地上に平和が実現しないのかと、とまどいます。自分自身が罪に負け、惨めな姿をさらすこともあります。確かに罪があり、悪の力があります。暗闇の支配者サタンがいます。そこで、私たちは続いて「御国が来ますように」と祈るのです。

御国、神の国＝神の支配は主イエスとともに到来しました。だから悪霊たちが追い出され、多くの病人がいやされたのです。へりくだった取税人や遊女たちは、自分の義を主張するパリサイ人たちよりも先に神の国に入ることができた、とイエスは教えられました。しかし御国の完全な到来は未来にあります。イエス・キリストの栄光は隠されていましたし、今も隠されています。しかし、やがて神の支配が完成する時が来ます。キリストが再臨される時、正義と愛に満ちた世界、罪のない世界が出現するのです。その時、飢餓と抑圧、悲惨と腐敗が一掃されます。

ですから私たちは希望をもって「御国をきたらせたまえ／御国が来ますように」と祈ります。神による最終的な介入があるように、神の国が早く完成するように、と未来に向かって祈ります。しかしまた、すでに実現している御国の前進も求めています。失われている罪人が悔い改めて神のもとに立ち返るようにと祈ります。すでに御国の子とされたクリスチャン、とりわけ自分自身が自らを神にささげて生きることができるよう祈るのです。

4 「みこころの天になるごとく、地にもなさせたまえ／みこころが天で行われるように、地でも行われますように」

私たち人間が生かされている世界、「地」は、神のみこころの実現として誕生したものです。けれども「神のかたち」に造られた唯一の被造物である人間は、与えられた自由意志を悪用し、神のみこころに逆らいました。神に信頼し従うのではなく、自己中心に生きる道を選んだのです。その結果、人は霊的に死んだものとなり、「地」は罪によって損なわれました。しかし、そのように堕落した私たちを神は見捨てず、救いの道を備え、みこころを啓示してくださいました。そして救い主イエス・キリストを受け入れ、みこころに従うよう招いておられます。

しかし、多くの人々は相変わらず「神などいらない」と言い、不遜な態度を変えません。「宗教的」な人は、自分の気に入った宗教を作ることはしますが、万物の創造者である神に従いません。神を信じているはずのクリスチャンでも、神のみこころを無視して生きていることが少なくありません。

ですから、祈る必要があるのです。私たちにとって都合の良い「みこころ」ではなく、天で行われているように完全なかたちで、この地上においてもみこころがなされるように、と。私たちはまず「みこころを知ることができるように」と祈り、自分自身がみこころに対し従順であることができるように、と祈ります。そのためには聖霊の導きを求めつつ聖書を読み、神のみことばを心に蓄えなければなりません。またみこころがすぐにわからなくても、祈りつつ待つことが必要になります。そうした歩みの中で、祈りそのものがみこころにかなったものと変えられていきます。自分を正当化する道具に「みこころ」をもちだすのでなく、真にみこころを行う喜びを知る者と変えていただきましょう。

5　「我らの日用の糧を、今日も与えたまえ／私たちの日ごとの糧を、今日もお与えください」

「主の祈り」の前半は、神が神としてあがめられ、神のご支配が実現し、神のみこころがなるようにという三つの祈りで、これを「神への礼拝」と要約する人もいます。後半は私たち自身の必要について祈る祈りで、やはり三つあります。

「宗教は心の問題だ」と言われることがあります。確かに礼拝に臨むと心が落ち着き、賛美する心に喜びがあふれます。しかし、身体のことは関係ないということではありません。主イエスは、私たちの身体の必要のために祈るようにとお教えになりました。

私たちは、高尚な理想より食物に代表されるようなことで動揺するものです。疲れ、空腹、持病などに左右されます。ですから、心と体を切り離して、心の問題だけしか祈らないというのではいけません。身体の必要も神の前に正直に持って来なさい、とイエスは励ましてくださるのです。

荒野で石をパンに変えるように悪魔に誘惑された際、イエスはそれを拒み、「人はパンだけで生きるのではない」と答えられました（マタイの福音書四章三―四節）。それはパンさえあれば神に頼らずとも幸福になれるという幻想を否定したのであって、パン自体をなくてもよいものとしたのではありません。実際彼はパンの奇跡をもって人々の飢えを満たされました。

Ｃ・Ｓ・ルイスの傑作の一つ『悪魔の手紙』（邦訳、新教出版社）の中で、クリスチャンになったばかりの青年を「担当」する小悪魔に、伯父の悪魔はこう助言します。

「必ず（青年の）祈りが非常に『霊的』であるようにし、いつも母親の魂の状態を心にかけて、リューマチのことはいっこう心にかけないようにさせなさい」（三八頁）。

神はむしろ私たちが身体の必要のために祈ることを期待しておられるのです。

ところで、主イエスの時代の庶民は、今日の私たちと比べてはるかに貧しい生活をしていました。蓄えることなどできません。その日その日を生きていくのがやっとでした。その日の賃金で食料を買う人々にとって、「私たちの日ごとの糧を、今日もお与えください」という祈りは切実でした。

今日の世界にも、ぎりぎりの生活をしている人々は大勢います。日本の社会も以前と違い、食べていくのがやっとという人が増えています。昨今のコロナ禍で、状況はさらに悪化していますから、このような祈りを祈らずにはいられないという人たちが、私たちの周囲にも少なからずおられるのではないでしょうか。

それでは「豊かな」人たちには、この祈りは必要ないのでしょうか。そうではありません。物質的に恵まれた人であれば、なおのこと「我らの日用の糧を今日も与えたまえ」と祈らなければなりません。そう祈ることにより、三度の食事が決して当たり前でないことを思い起こすのです。

もし、地球上の火山がいくつか同時に噴火したらどうでしょう。もし大地震が起こったらどうでしょう。たちまち飢えが襲います。地球の気象の変化と人口爆発による食糧危機に、日本は関係ないと言えません。現在は、スーパーに食べ物があふれています。経済的な余裕がある人は、いつでも好きなものが食べられます。食べ切れずに捨てられてしまう「食品ロス」を減らそうという呼びかけまで耳にする日本社会です。しかし、食べるものがあるのは当然、時間になれば出てきて当然といった錯覚から覚めるべき時が来ています。だから祈るのです。

ロイドジョンズという説教者が語っているように、「少なくとも一日一回、いや多ければ多いほどよいが、私たちの時間、健康、存在自体が神の御手の中にあることを思い起こすことは有益」なのです。

6 「我らに罪をおかす者を我らがゆるすごとく、我らの罪をもゆるしたまえ／私たちの負い目をお赦しください。私たちも、私たちに負い目のある人たちを赦します」

「負い目」は、罪を表すアラム語の慣用的な表現です。罪が借金になぞらえられているのです。返さなければと思い、良いことをしようとしても、それ以上に悪いことをしてしまう私たちは、いつになっても返せない借金を神に対して負っているようなものです。生命をはじめ多くのものを神から任されていながら、自分勝手に使ってしまって、負い目を返せません。残る道はただ一つ、負い目を赦していただく以外ありません。

まさにその赦しを神は与えてくださいました。罪のない御子イエスを罪とし、私たちの負い目を全部彼の背に負わせたのです。罪を悔い改めてイエスを頼る者は、その罪が赦され、一切の負い目から解放されるのです。「こういうわけで、今や、キリスト・イエスにある者が罪に定められることは決してありません」とあるとおりです（ローマ人への手紙八章一節）。

「我らの罪をもゆるしたまえ」と繰り返し祈るのは、赦しが確かでないから、繰り返しお願いするということではありません。私たちは、キリストを信じて赦され義とされました。その状態に変わりはありません。しかしまた、信じると同時に罪を全く犯さなくなるわけではありません。そこで、すでに赦されていてもなお犯す罪について、神に赦しを求めるのです。神のみこころにかなわないことをしたと気づいたとき、告白して赦していただくのです。そうでないと、赦された事実は変わりなくても、赦されたという確信は失われます。神との交わりが損なわれます。ですから、前の章で述べたように、クリスチャンが罪を告白することは大切なのです。

ところで、「私たちの負い目をお赦しください。」と続きます。「我らに罪をおかす者を我らがゆるすごとく、我らの罪をも赦したまえ」という祈りは、「私たちも、私たちに負い目のある人たちを赦します」という文語版は、「私も他の人の罪を赦すから、神様、あなたも私の罪を赦してください」と求めているようですが、そういうことではありません。私たちがだれかを赦したということで、自分の赦しを神に要求することはできません。

しかしまた、他の人の罪を赦さないでおいて、自分の罪の赦しだけを求めることもできません。神によって赦されるということと、人の罪を赦すということは、切り離し難いことなのです。ですから、この祈りにおいて、私たちは自分がたくさんの罪を赦されてきたことを感謝し、他の人の罪や失敗を寛容に赦します、と自らの決意を明らかにするのです。決意を明らかにすることで、助けを求めているとも言えるでしょう。

7 「我らをこころみにあわせず、悪より救いだしたまえ／私たちを試みにあわせないで、悪からお救いください」

神は私たちの信仰を試みられることがあります。旧約聖書に登場するアブラハムやヨブは大きな試みにあいました。それは罪に陥れるためではなく、私たちを、神に対するより深い信頼に導くためです。

「神は悪に誘惑されることのない方であり、ご自分でだれかを誘惑することもありません」（ヤコブの手紙一章一三節）。

主イエスは聖霊に導かれて荒野に行かれましたが、実際に試みたのは悪魔でした（マタイの福音書四章一―三節）。ヨブの場合も神の許しのもとに、悪魔が試みています（ヨブ記一―二章）。神は私たちをより強くし、より近くに引き寄せようとなさるので、その試みは「誘惑」ではありません。しかしサタンのすることは私たちを罪に引きずり込み、神から引き離すことですから、「誘惑」なのです。

ともかく、私たちは日々試みに直面しています。クリスチャンは平穏無事な生活を約束されていません。絶えず誘惑との戦いがあります。人の何気ないことばや、ネットの映像、テレビのコマーシャルも誘惑になります。それ自体は悪くなくても、それが私たちを神から引き離すことになる。そんなこともあります。自分にとってかけがえのないもの、愛すべきものさえも誘惑となり得ます。それで神はアブラハムに、「あなたが愛しているひとり子イサク」を献げるよう求められたのです（創世記二二章二節）。

また私たちは、誘惑に負けやすいものです。「これでおしまい」と言い聞かせながら、またチョコレートに手が出ます。お金の誘惑、異性の誘惑、名声、成功への誘惑に自分の力で打ち勝つことはできません。ですから「試みにあわせないで」と祈らずにはいられないのです。自分の弱さを告白して神の御手にすがりつくのです。

さらに私たちは消極的に「試みにあわせないで」と祈るだけでなく、積極的に悪からの救いを求めるよう勧められています。悪とその背後にいる「悪しき者」サタンの力から救い出されるよう祈りなさい、というのです。

私たちは救われたとき、悪魔の支配から神の支配へと移されました（使徒の働き二六章一八節）。

ですから悪魔はキリストにある者をその手から奪い去ることはできません（ヨハネの福音書一〇章二八節）。しかし何とか私たちが不従順で実を結ばない者になるように、悪魔は策略を巡らすのです（エペソ人への手紙六章一一節）。

主イエスも誘惑されました。しかし誘惑に屈しませんでした。ここに私たちの拠り所がありま す。私たちの救い主は「自ら試みを受けて苦しまれたからこそ、試みられている者たちを助けることができるのです」（ヘブル人への手紙二章一八節）。主イエスは、誘惑との闘いに勝利され、父なる神への従順を貫かれました。このような方に助けを求めることができるのです。何と心強いことでしょう。

ですから自分の無力さを正直に申し上げましょう。また自分は無力ですから、誘惑になりそうなものを避けましょう。さらに神のみことばを心に蓄えましょう（詩篇一一九篇一一節）。主イエスもみことばをもって誘惑を退けました。そして決め手は、神に明け渡し従うことです。

「ですから、神に従い、悪魔に対抗しなさい。そうすれば、悪魔はあなたがたから逃げ去ります」（ヤコブの手紙四章七節）。

私たちは防戦一方ではありません。神に対する積極的な信頼と服従をもって、「主の祈り」を祈りましょう。

8　「国とちからと栄えとは、限りなくなんじのものなればなり。アーメン／国と力と栄えは、とこしえにあなたのものだからです。アーメン」

「主の祈り」の結びのことばは、マタイの福音書の本文にはもともとなかったものです。最古のすぐれた写本には欠けているのです。おそらくはかなり早い時期に、教会でささげられる「主の祈り」にこの結びのことばが加えられるようになったため、本文に書き加えられたのでしょう。そこで、新改訳２０１７では、欄外の注に置かれています。

そのようなわけで原本にはなかった表現ですが、内容は聖書の教えとよく調和しています。それで多くの教会では引き続き「主の祈り」をこの言い回しで閉じるのです。

「国」は支配を意味します。「国と力と栄え」が神のものであると告白することは、神を賛美していることにほかなりません。「主の祈り」を祈ることによって、私たちは自分たちが様々なものを必要としている存在であることを自覚させられます。そしてその必要が、結局はすべて神の手にあるもの、神によって与えられるものであることを覚えさせられます。そこで、「国と力と栄え」とことばを連ねることで、私たちの必要を満たすことができる偉大な神をほめたたえるのです。

文語訳では「限りなく」とありますが、時間において「限りなく」なので、訳としては「とこしえに」が適切です。永遠に変わることのない神が、永遠にあらゆる権威と栄光をおもちの神が、この祈りに答えてくださるという確信を言い表し、賛美して「主の祈り」を閉じるのです。

「アーメン」。あらゆる祈りがこの語をもって終わります。意味は「まことに」「本当に」「確かに」「そのとおり」「そのようになるように」といった意味です。祈ってきたことの実現を願うことばです。だれかが祈った祈りに「アーメン」と唱和するのも、祈られたその祈りに心を合わせ、その実現を心から願うためです。

日本の教会では、一般的にアーメンと元気に唱和することが多いようです。筆者が出席した米国や英国の教会では、祈った本人だけが「アーメン」と言い、他の人はただ心を合わせるだけということが普通でした。どちらが敬虔であるとか、祈りの効果が上がるかといった問いは不適切です。どちらにせよ、心をこめて祈ることが大切であることは言うまでもありません。

「主の祈り」はこのように内容の豊かなものです。ですから、あわただしく駆け足で走り抜けるような唱え方は避けなければなりません。じっくりとそのことばの意味を味わいながら、自分自身の告白、自分自身の賛美や祈りとして、唱和したいものです。

第五章　祈りについてのQ&A

この章では、祈りについて私たちが抱く様々な疑問について考えてみましょう。それによって、祈りの本質をさらに理解し、神に祈ることのできる喜びを覚えられたらと思います。

Q1　全知の神にどうして祈る必要があるのか。

A1　聖書は神が全知全能の方であり、私たちのすべてをご存じであると教えています。そこで私たちの心に浮かんでくる疑問は、「神がどうせ知っておられるのなら、どうして祈る必要があるのか、祈らなくてもよいではないか」というものです。

確かに神は私たちのすべてを知っておられます。詩篇一三九篇にはその不思議さが美しく歌われています。ここでは一―六節だけを引用します。

「主よ　あなたは私を探り　知っておられます。
あなたは　私の座るのも立つのも知っておられ
遠くから私の思いを読み取られます。

あなたは私が歩くのも伏すのも見守り
私の道のすべてを知り抜いておられます。
ことばが私の舌にのぼる前に　なんと主よ
あなたはそのすべてを知っておられます。
あなたは前からうしろから私を取り囲み
御手を私の上に置かれました。
そのような知識は私にとって
あまりにも不思議
あまりにも高くて　及びもつきません。」

また主イエスは、「あなたがたの父は、あなたがたが求める前から、あなたがたに必要なものを知っておられる」と語って、ことば数の多さで祈りに対する答えを引き出そうとする態度を戒めておられます（マタイの福音書六章七―八節）。

しかし、私たちは「知っておられるから祈る必要はない」ではなく、「知っておられるからこそ安心して祈ることができる」と言うべきでしょう。もともと祈りは「知らないから知らせなくては」ということで伝えることではないのです。私たちは自分の必要にせよ他人の必要にせよ、世界の必要にせよ、すべてを的確に知っているわけではありません。しかし、私たちよりはるかに本当の必要をご存じの方が祈りの対象なので、私たち自身の祈りは不十分であっても、適切に聞き入れられていくという期待をもつことができるのです。

祈りは交わりです。神は私たちの天の父です。父の立場、母の立場に自分を置いて考えてみたらどうでしょう。私たちは子どもが何を必要としているかわかっています。子ども自身はようやくある程度わかって、それを伝えてくるとします。それは、親である私たちにとってとても嬉しいことではないでしょうか。「わかっているから、言うな」とは思いません。「不適切な求め方だから駄目だ」とは思いません。自分を信頼して言ってきたことそれ自体をおおいに喜びます。私たちの祈りを天の父は喜んでくださるのです。マタイの福音書六章七節は、天の父を心から信頼せず、自分の祈りの「量」で神から何かを引き出そうとする態度をやめるようにと教えていますが、神に祈ること自体を禁じているわけではありません。

また私たちは、祈っていくうちに気づきます。霊的な真理に目が開かれます。それも、すでに知っている父に祈ることの意義です。神に祈っていく過程で私たち自身が霊的に成長させられていきます。だから祈るのです。

Q2　祈っても聞かれないのではないか。

A2　確かに私たちは「祈っても聞かれないのではないか」と思うことがあります。そのように思う理由が二つあると思います。

第一に、確かに神は私たちの願いどおりに答えられるわけではありません。神は私たちの祈りを機械的に実現されるわけではありません。もし私たちが自分では良いものであると思っていても、本当は良くないものであれば、神はそれを与えてくださいません。

親子の関係で考えてみましょう。もし幼児が包丁を欲しがったら、親はそれを与えません。ただし、今は与えられないけれども、後で与えられるということもあるでしょう。包丁であれば、三歳では危なくて渡すわけにはいきませんが、もう少し大きくなれば、手を切らないよう注意しながら、使い方を教えたうえで渡すことができます。同様に後になって、祈りが聞かれるという経験を私たちはします。

祈りの答えが遅くなるもう一つのケースは、求めている私たちの姿勢に問題がある場合です。良くない態度で、また利己的に利用しようとして何かを求めているなら、その態度が改まるまで、実現は延ばされるでしょう。

このようにいろいろな例が考えられます。私たちの側では「祈っても聞かれない」という実感をもつかもしれませんが、実は「聞かれている」のです。私たちの願うとおりにではありませんが、神は私たちが本当に必要としているものを、最善のものを最善の形で、さらに最善の時に与えようとしていてくださいます。ですから、私たちの祈りを聞いていないのではなく、聞いてくださっているのです。ことばとしては矛盾していますが、「聞かれない」ことで、本当の意味では「聞かれている」ことがあるのです。

それから第二の理由として、私たち自身、祈ったことを忘れてしまうという事実もあります。私たちの思いは変わりやすいので、自分で何を祈ったか忘れてしまうことが少なくありません。それで祈りの答えが得られても、それを答えとして認識しないのです。特にその祈りが答えられるとあまり思っていない時などは、なおのことです。

使徒の働き一二章一―一七節に興味深い話があります。使徒ペテロがヘロデ・アグリッパ一世によって捕らえられ、牢に入れられてしまいます。「教会は彼のために、熱心な祈りを神にささげて」いました。その祈りに対する答えとして、夜中に神は御使いを遣わし、彼を救出されます。仲間のところに戻って行ったペテロは、入口の戸をたたきました。ロデという女性が、ペテロの声であることに気づいて「喜びのあまり門を開けもせずに奥に駆け込み」彼が門の外に立っていることを弟子たちに告げました。ところが彼らは、ロデに対し「あなたは気が変になっている」と言い、彼女の知らせを信じませんでした。そうなるように祈っていたことが実現したとき、それを信じることができなかったのです。

さらに、祈りが聞かれるか否かということは、私たちの尺度で測りがたいものがあることを、心得ておく必要があります。たとえば、家族の救いのために祈っているクリスチャンがいるとして、その人が天に召される時点で家族がだれも救われていないなら、「祈りは聞かれなかった」ということになるのでしょうか。そうではありません。その人の死後、不思議なように遺族が次々と救われていった例もあります。その人のキリストにある最期が実に平安であったことが、家族には衝撃的だったのです。神は確かに祈りに答えられました。

また、ある宣教師のバイブル・クラス（英語の聖書研究会）に何年間か通っていた生徒が、結局は信仰に導かれることなく去って行きました。しかしその後三十年ほどして、その人の娘さんが不思議なように救われ、お母さんの救いのために祈り始めました。このようなこともあるのです。

そのようなわけで、私たちは自分が願っているような形で直ちに祈りの答えを見ることができなくても、希望をもって祈りたいと思います。祈り続けたいと思います。

Q3　忙しくて祈る時間がない／祈るより行動することのほうが大事ではないか。

A3　確かに現代は忙しい時代です。よく言われることですが、不便だった昔のほうがかえって生活にゆとりがあったように思います。便利になった分、情報も増え、選択肢も増えたので、したいこと、しなければならないことが多くなったのです。

そのような時代に祈りは、受け身で、非生産的、非能率的と思われ、時代のライフスタイルにそぐわないと思われるかもしれません。しかし、「生産的」とは何でしょうか。「能率」とは何でしょうか。

今日の殺伐とした社会や人間関係の背景に、生産性や能率だけを求めてきた現実があるのではないでしょうか。コンピューターで管理される社会の中で、私たちが最も必要としているのは、祈りの時ではないかと思われます。「静寂」とか「祈り」とかいったものの必要性がノンクリスチャンの間でも意識されてきています。まことの神に出会うことのできたクリスチャンにとって、祈りの生活のすばらしさをあかしするチャンスではないでしょうか。

私たちが愛をもって神と人に仕え、賢く自分の賜物を管理し用いるためには、神の御霊の助けが必要です。つまり、真の意味で生産的、積極的であるために、私たちは祈らなければならないということです。神から愛と知恵を与えられなければ、忙しく動き回っても、空回りしてしまいます。本当の結実を見ることができません。祈りのうちに本当に自分がすべきことを見定めなければ、結局は時間とエネルギーを浪費することになります。祈ることは「急がば回れ」なのです。

エペソ人への手紙五章一六節に、「機会を十分に活かしなさい」とあります。直訳すれば「時を買い取りなさい」ということです。私たちは時間の流れに身を任せているのではなく、買い取る努力が必要です。特に祈りはその努力を必要とします。祈りは決して受け身ではなく、積極的な努力によって獲得するものです。

それでも「忙しくて時間がない」と言われるあなたに、祈りの時をつくりだすヒントをさしあげましょう。まず基本的に、祈りは早朝が最適です。五分でも十分でも、起きたらまず心を静めてから、行動を開始しましょう。暗記している愛唱讃美歌を歌ったり、暗誦している聖句を心の中で反芻したり、賛美と感謝をささげたりするだけでもよいでしょう。

「朝は苦手」という人、「頭がもうろうといて祈りどころではない」という人、夜もう少し早く寝る努力が必要かもしれません。もちろん、夜の決まった時間に必ず祈ることを習慣にしても良いと思います。初めは忘れてしまう日が多いかもしれませんが、あきらめないことです。

まとまった時間をとることが難しい、という人もあきらめないでください。通勤の電車の中でも、車を運転しながらでも祈ることができます（もちろん運転中は、運転に注意！ですが）。主婦であればお皿を洗いながらでも、とりなしの祈りをすることができます。きちんと座ってまとまった時間をとる努力をしなくてよい、と言っているわけではありませんが、いつでも、どのような状況でも神様がともにおられることを覚えつつ、祈り心をもって過ごすよう勧められているのですから、こうした祈りの「スタイル」も許されるのではないでしょうか。

そのほかどんな時間でも、ふと気づいたこと、思い出したことがあれば（それは偶然とは言えません）、どんなことでも祈ったらよいと思います。

忙しさと言えば、祈りの課題がだんだん増えてきて、ノートもいっぱいになって、とうてい祈りきれない「課題」にフラストレーションがたまることもあるでしょう。たくさんのことを一度に祈ろうと思わず、曜日ごとにテーマを決めるのはいかがでしょうか。

たとえば、月曜日は家族や親戚たちのこと、火曜日は地域の社会のこと、水曜日は教会の青年会のこと……といった具合に分けるのです。

Q４　祈る気になれないとき、どうしたらよいか／無理して祈ったら、祈りが偽善になるのではないか。

A４　確かに祈る気持ちになれない時があります。心がかさかさに乾いてしまったように感じられることがあります。クリスチャンだから、目をつむれば自動的に祈りが出てくるということでは決してありません。

祈りは神との交わりです。そして神はすべてをご存じです。さらに神は真実を愛される方です。ですから、「祈れない」時も正直であることが大切です。気持ちが伴わないのに、義務感から祈りの課題を読みあげるだけといった祈りをささげても、空しさが残ります。もしかしてあまりにも一方的に申し上げるだけの祈りをしてきて、三章の最後に述べた「神が語られることに耳を傾ける」ことが欠けていたのかもしれません。そうであれば、しばらく沈黙するのはよいことです。

また好きな賛美歌を歌うとか、メッセージのテープを聴くとか、心を燃やされるあかしを読むことなども、私たちの心のエンジンが始動する助けとなるかもしれません。もちろん、詩篇のような箇所をゆっくり朗読するのもよいでしょう。祈りが「マンネリ化」していると感じる人も、同じような工夫が役に立つかもしれません。

ところで、「祈りが偽善になるのではないか」という心配についても、ひとこと述べておきましょう。確かに祈りの中で心にもないことを言うのはよくありません。しかしまた、私たちの心が完全にピュアになることを期待し、自分で心の状態をチェックするなら、どこまでいっても「完全」はないでしょう。私たちの生来の心は、「肉」であって、神に背を向けようとするものなのですから。むしろ不純なものがつまっている自分の心、中途半端で祈ることもできない自らの心を嘆くことから、真の祈りは始まります。「主よ。罪人の私、偽善者の私をあわれんでください」としか祈れない自らであることを申し上げ、神に自らを明け渡すことです。そのとき、聖霊が私たちを覆い、私たちを満たし、祈りに向かわせてくださるのです。

二章で学んだように、祈りは三位一体の神が私たちの内に働かれる結果なのですから。神が与えてくださる恵みなのですから。

Q5　人前で祈るとどうしても他の人を意識してしまう／公の場で祈ることを辞退したほうがよいのではないか。

A5 「祈りは初めて」という人であれば、人前で祈ることを求められることはまずありません。しかし、洗礼を受け、クリスチャンとしての歩みを続けていけば、早晩人前で祈る機会が訪れるのではないかと思います。中には「皆の前で祈るように言われるから」週の半ばの祈禱会(祈り会)には行きたくない、と思う人もいるでしょう。公の場での祈りを「負担」と感じる人は少なくありません。逆に人前で祈るチャンスがあれば、「張り切る」という人もたまにいるかもしれません。立派な祈りをして皆に認められたいと思うのでしょうか。

主イエスの周囲には、前者より後者のタイプの人々が多かったようです。マタイの福音書六章五―六節に次のようなことばが記されています。

「また、祈るとき偽善者たちのようであってはいけません。彼らは人々に見えるように、会堂や大通りの角に立って祈るのが好きだからです。まことに、あなたがたに言います。彼らはすでに自分の報いを受けているのです。あなたが祈るときは、家の奥の自分の部屋に入りなさい。そして戸を閉めて、隠れたところにおられるあなたの父に祈りなさい。そうすれば、隠れたところで見ておられるあなたの父が、あなたに報いてくださいます。」

神に対して祈っているはずなのに、真の意図は人に見られることにあります。願いどおり人にみられて「ああ、あの人は立派な信仰者だ」と思われるので、「すでに自分の報いを受け取っている」ことになります。祈りは天の父にささげられていないわけですから、それは届かないことになります。こうした人を意識した祈りをしないようにと、主イエスは戒められたのです。

それでは、前者のタイプの人、つまり人前に出て祈りたくないという人は、より健全でしょうか。いいえ、そのような人にも問題があります。実は、彼らも他の人を意識しているという点で変わりないのです。ただ天の父なる神を意識していれば人の目は忘れているはずです。

またこのように言う人たちには「人前でちゃんと祈れなかったらどうしよう。恥ずかしい」といった思いがあるのではないでしょうか。もしそうなら、やはり自分のプライドで祈りに向かおうとしているわけで、主イエスが「偽善者」と呼んだ人々と五十歩百歩です。

私たちはもっとすぐれた道を求めるべきではないでしょうか。それは、人目を意識しやすい自らの弱さを神様に申し上げ、聖霊の助けを求めることです。それでも緊張で頭が真っ白になって何を祈ったらよいかわからなくなる人は、あらかじめ祈りのことばを書いておいたらよいのです。そのうちメモが必要なくなるかもしれませんし、ずっとメモを頼りにしても、一向に構わないのですから。

とにかく、恐れて退くのではなく、主の新しい恵みを期待してチャレンジしてほしいと思います。

おわりに

二十年前にこの小著を書き終えたとき、思いました。『「祈りは初めて」という人のための本』と言うには、少々踏み込み過ぎているのではないかと。「祈りは初めて」という人のために書いたつもりでしたが、いつのまにか、クリスチャンとして祈るようになった人たちのために書いてしまったような気がしたのです。

その後、神学校の教師から一地方教会の牧師として働くよう導かれた私は、教会の入門クラス／洗礼志願者クラスでテキストとして使いながら、「もう少し初心者向きに」という思いで、書き込みをしたりしてきました。それが今回の改訂に役立ちました。しかしながら、あらためて全体を読み返してみると、やはり、「すでに祈りの生活を始めている方々のための手引き」という印象はぬぐえません。

「看板に偽りあり」と言われてしまうかもしれませんが、そのまま出版していただくことにします。というのも、文字どおり「祈りは初めて」という人たちにも、クリスチャンの祈りの世界の奥行きと広がり、そして幸いを、初めから知っていただきたいからです。また、すでにクリスチャンとして祈りの生活のうちにある方々も、絶えず祈りの原点に戻る必要があるからです。私自身、自ら書いたことを幾度となく読み返しながら、初心に帰ることで、三位一体の神との祈りの交わりに対する期待を新たにしています。

今回も、祈りの原点とも言うべきみことばを二か所引用して、終わりたいと思います。

「いと高くあがめられ、永遠の住まいに住み、
その名が聖である方が、こう仰せられる。
『わたしは、高く聖なる所に住み、
砕かれた人、へりくだった人とともに住む。
へりくだった人たちの霊を生かし、
砕かれた人たちの心を生かすためである。』」（イザヤ書五七章一五節）

「一つのことを私は**主**に願った。
それを私は求めている。
私のいのちの日の限り　**主**の家に住むことを。
主の麗しさに目を注ぎ
その宮で思いを巡らすために。」（詩篇二七篇四節）

二〇二二年二月

内田和彦

内田和彦（うちだ かずひこ）

1947年生まれ。東京大学文学部、聖書神学舎を卒業後、福音自由教会の牧師に。米国のトリニティ神学校、英国のアバディーン大学に留学、共観福音書の研究でPh.D.を取得。帰国後、草加福音自由教会で牧会しつつ、聖書神学舎で教鞭を執り、1990年からは専任教師に（1992–2005年は教師会議長）。2008年より日本福音キリスト教会連合・前橋キリスト教会で牧会。新日本聖書刊行会・新約主任として『聖書 新改訳2017』に取り組む。
著書、『イエスの生涯〈エゴー・エイミ〉』『地上で神の民として生きる』『私たちは勇気を失いません』『改訂新版「キリスト教は初めて」という人のための本』『改訂新版「聖書は初めて」という人のための本』『改訂新版「教会は初めて」という人のための本』など。

改訂新版
「祈りは初めて」という人のための本

2000年9月20日 発行
2022年4月25日 改訂新版発行
2024年1月10日 改訂新版再刷

著　者　内田和彦
印刷製本　日本ハイコム株式会社
発　行　いのちのことば社
〒164-0001 東京都中野区中野2-1-5
電話 03-5341-6922（編集）
03-5341-6920（営業）
FAX03-5341-6921
e-mail:support@wlpm.or.jp
http://www.wlpm.or.jp/

ISBN978-4-264-04354-6